ENTORNOS

PRIMER CURSO DE LENGUA ESPAÑOLA

Student Edition

Units 0-6

© Editorial Edinumen, 2016

Authors:
Cecilia Bembibre, Carmen Cabeza, Noemí Cámara, Susana Carvajal, Francisca Fernández, Emilio José Marín,
Celia Meana, Ana Molina, Susana Molina, Liliana Pereyra, Francisco Fidel Riva, Equipo Espacio, and Equipo Nuevo Prisma
Coordination Team: David Isa, Celia Meana, and Nazaret Puente

ISBN: 978-84-9179-536-0
Depósito legal: M-18444-2020

First published 2016

Printed in Spain by Gráficas Muriel
0823

Editorial Coordination:
Mar Menéndez

Cover Design:
Juanjo López

Design and Layout:
Carlos Casado, Juanjo López and Sara Serrano

Illustrations:
Carlos Casado

Photos:
See page AP24

Editorial Edinumen
José Celestino Mutis, 4. 28028 Madrid. España
Telephone: (34) 91 308 51 42
E-mail: edinumen@edinumen.es
www.edinumen.es

Edinumen USA Office
1001 Brickell Bay Drive Suite 2700
Miami 33131, Florida
Telephone: 7863630261
E-mail: contact@edinumenusa.com
www.edinumenusa.com

Learning to communicate in Spanish can help you achieve a more vibrant and prosperous future, especially in today's globalizing world. As of 2017, **more than 470 million people speak Spanish** as a native language, making Spanish the second most common native language in the world. According to a study by the Instituto Cervantes, **45 million people in the United States** speak Spanish as a first or second language. That's a Spanish-speaking community the size of the whole country of Spain!

Spanish is the most widely spoken language in the Western Hemisphere, and an official language of the European Union, making it an important language for international business. By learning Spanish, you'll be joining 20 million other students worldwide who are learning to speak Spanish. You'll also be gaining a valuable professional skill on an increasingly bilingual continent. ¡Bienvenidos!

HOW DO I ACTIVATE MY DIGITAL CONTENT?

In academia today, it is more important than ever for students to develop digital fluency. ELEteca is the learning management system for *Entornos*. The digital resources offered with *Entornos* allow you to engage with Spanish in the same multifaceted manner you engage with the world outside the classroom.

Your activation code for your ELEteca student account is on the inside front cover of this student edition. To redeem this code, go to https://eleteca.edinumen.es

In ELEteca, you can

- Enhance your learning in each unit through online practice provided by the program or created by your teacher

- See your grades and monitor your own progress

- Receive assignments, messages, and notifications from teachers

- Play *La Pasantía*, an interactive game for a creative learning experience

- Access the accompanying audio and video for every unit

    ¡Acción! – a video series aligned to every unit

    Voces Latinas – cultural video segments expand upon the student edition's cultural sections

    Grammar Tutorials – short clips introduce new grammar concepts and reinforce difficult skills

    Casa del Español – authentic street interviews target grammar and vocabulary

How did you learn to ride a bike? Did you sit in a chair while someone explained the fundamentals of bike riding to you, or did you go outside and give it a try yourself? Did you get better by memorizing a set of expert techniques, or did you suffer a few skinned knees until you improved?

Whether it's riding a bike or learning a language, people learn best by doing! Out-of-context grammar and vocabulary skills or exercises designed to perfect isolated language functions can be difficult to use when you want to express yourself or understand something new. Even more importantly, this kind of instruction can make us forget Spanish is a living language that people speak creatively and individually all over the world.

Entornos, an introductory Spanish course, helps you develop the language you need to connect to real-world, practical issues. *Entornos* supports communicative, empowered learning.

- **Inductive learning** helps students deepen their understanding of language through discovery and inference.
- **Real-life learning** gives immersive, relatable scenarios, and provides a framework for communication.
- **Learning strategies** reinforce learning as students understand the processes and methods that work best for them.
- **Social and emotional relevance** increases students' motivation to learn a language, boosting acquisition and retention.
- **Cultural and intercultural learning** builds global awareness while developing authentic communication skills.

INDUCTIVE LEARNING

From the first page of every unit, you will be invested in the inductive learning approach. The motivation to learn vocabulary and grammar will be driven by the language functions needed to talk about subjects you care about. *Entornos* helps you produce meaningful communication through scaffolded support of reading, writing, listening, and speaking in a media- and information-rich environment. Then, after explicit language instruction, you practice the language forms and vocabulary for true Spanish mastery.

8.2 Lee la conversación entre Ramón y Carolina para deducir de qué están hablando. Después, completa la conversación con las palabras de la lista.

comí • pasaste • visitamos • monté • visité
viajaste • conocí • jugué • nadé • pasé

Ramón: Mira esta foto. ¿Te gusta?
Carolina: ¡Qué playa tan bonita! ¿Adónde (a) .... el verano pasado?
Ramón: Sonia, su hermano y yo (b) .... República Dominicana.
Carolina: ¿Y qué tal lo (c) .... ?
Ramón: Muy bien. (d) .... mucho tiempo en la playa y (e) .... en aguas cristalinas.
Carolina: ¿Y qué más?
Ramón: Pues (f) .... el casco antiguo de

Santo Domingo, subí a un barco, (g) .... en una moto acuática, (h) .... mucho pescado y marisco, y (i) .... al voleibol de playa con Sonia y su hermano. ¡Ah!, también (j) .... a mucha gente. La verdad es que República Dominicana es un lugar inolvidable.
Carolina: ¡Qué bien! Quiero ir el verano que viene.
Ramón: Pues te lo vas a pasar fenomenal también.

8.3 Ahora, escucha y comprueba tus respuestas.

Activating prior knowledge and empowering students to predict words and structures in context allows students to focus on the meaning, not on the mechanics of the language.

REAL-LIFE LEARNING

When you are engaged in language with real-world scenarios and challenges, you become more engaged in learning important skills and content. Gone are the days when students were required to listen and not question, memorize and repeat, in preparation for a vastly different workforce than the one we have today. As times have changed, so too has the way we educate. Nurturing in-depth understanding and a passion for connection, *Entornos* maximizes real-world learning experiences so you can develop the skills needed to communicate in a rapidly evolving world.

¿Cómo estás?
Hola. ¿Qué tal?

In ELEteca, you can access *Casa del Español*, authentic person-on-the-street interviews. These videos feature a wide range of language varieties and dialects while targeting the grammar and vocabulary in an engaging context.

LEARNING STRATEGIES

Research shows that incorporating learning strategies into language curricula helps student become more effective language learners and facilitates a self-actualizing approach to achieving language goals. *Entorno's* philosophy helps you work smarter through the use of specific self-developed strategies, which have a profound influence on learning outcomes. By developing skills in learning-how-to-learn, you will better exploit classroom-learning opportunities and can more easily expand your language learning outside of the classroom.

---

3. INTERACCIÓN ORAL

4.8 Prepare a talk to present to the class about your own day. Choose three of the four topics to address in your presentation. Use the questions as a guide.

⚙ ESTRATEGIA

Creating an activity chart
Preparing a list of information ahead of time about the things people do helps you organize your description and sequence activities effectively. Creating a chart provides the order you need to make the presentation flow more smoothly.

The better students understand how they learn, remember, and processes information, the more successful they will be in their academic and professional career.

SOCIAL AND EMOTIONAL RELEVANCE

The themes in *Entornos* were developed to reflect students' interests, creating a deeper connection through relevant activities and content that is familiar. This engagement not only creates a compelling classroom experience, it also builds neural connections and long-term memory storage for language retention. Research shows that being truly engaged increases learners' attention and focus, motivates them to practice higher-level critical thinking skills, and promotes meaningful learning experiences. By embedding your interests in the speaking, listening, reading, and writing skills lessons, Entornos helps you achieve learning objectives and brings Spanish language to life.

PROGRESO Y NATURALEZA

El Canal de Panamá mantiene una alianza natural con su entorno. Desarrolla su actividad en medio de un país lleno de biodiversidad y situado en un valle hidrográfico donde el ser humano y la naturaleza trabajan unidos.

Otro ejemplo de esta comunión hombre-naturaleza es el santuario de Las Lajas en Colombia, un bellísimo edificio perfectamente integrado en los riscos* de la cordillera de los Andes. Se suele describir como «un milagro* de Dios sobre el abismo».

¿Hay ejemplos de esta alianza hombre-naturaleza en tu país?

Entornos taps into the relevancy to students' lives to not only motivate them to communicate and learn but to provide a framework for better language learning.

CULTURAL AND INTERCULTURAL LEARNING

Spanish is a vital, living language—which can be surprisingly easy to forget when you're conjugating endless strings of verbs. *Entornos* reminds us that the purpose of language is to connect: with ourselves and with others, in our own communities and around the world.

By calling attention to the rich diversity of Hispanic cultures around the world, *Entornos* explores opportunities to travel and experience other cultures. Understanding the customs and behaviors of the different Spanish-speaking cultures encourages a wider vision of the world. It is as important to learn how and when to use the language as it is to learn the language itself, and the different ways in which the Spanish-speaking world communicates is a focus of *Entornos*.

¿QUÉ LEES?

73%
56%
50%

☐ El periódico
☐ Un libro al año
☐ Revistas

Los argentinos leen el periódico (el 73% de la población), al menos un libro al año (el 56%) y revistas (casi el 50%), según un estudio reciente de la Universidad de San Martín.
Aunque mucha gente lee en la pantalla de la computadora, solo el 8% dice leer libros digitales. El resto prefiere el formato tradicional de papel.
Las preferencias literarias cambian con la edad: los mayores de treinta y cinco años prefieren leer novelas históricas, y los menores eligen libros de fantasía o ciencia ficción.

En la avenida Corrientes, Buenos Aires, hay muchas librerías.

Fuentes: NOP World Culture Score, Fundación El Libro, *La Nación, El Mercurio,* Universidad de San Martín.

¿Qué te gusta leer: periódicos, libros o revistas? ¿Qué tipo de literatura te gusta? ¿Lees en formato digital? ¿Por qué?

Adapted and authentic resources help students develop their perceptions of the world by raising awareness of different cultures and the interconnectedness of language and culture.

Many thanks to the following reviewers who offered ideas and suggestions:

David Alley, Georgia Southern University
Damian Bacich, San Jose State University
Marie Blair, University of Nebraska-Lincoln
Gabriela Brochu, Truckee Meadows Community College
Teresa Buzo Salas, Georgia Southern University
Patricia Crespo-Martín, Foothill College
Lisa DeWaard, Clemson University
Aída Díaz, Valencia Community College
Dorian Dorado, Louisiana State University
Erin Farb, Community College of Denver
Esther Fernández, Rice University
Gayle Fiedler Vierma, University of Southern California
Alberto Fonseca, North Central University
Amy Ginck, Messiah College
José Manuel Hidalgo, Georgia Southern University
Michael Hydak, Austin Community College
Elena Kurinski, St. Cloud University
Courtney Lanute, Edison State College
Kathleen Leonard, University of Nevada-Reno
Tasha Lewis, Loyola University of Maryland
José López Marrón, Bronx Community College
Donna Marques, Cuyamaca Community College
Markus Muller, California State University-Long Beach
Luz Porras, SUNY-New Paltz
Kristina Primorac, University of Michigan
Danielle Richardson, Davidson County Community College
Ángel Rivera, Worcester Polytechnic Institute
Fernando Rubio, University of Utah
Benita Sampedro, Hofstra University
Rachel Shively, Illinois State University
Yun Sil Jeon, Coastal Carolina University
Christine Stanley, Roanoke College
Luz Triana-Echeverría, St. Cloud University
Matthew A. Wyszynski, University of Akron

SCOPE AND SEQUENCE

UNIDAD	0	PÁG. 2	¡HOLA!

Hablamos de...

- Los países del mundo hispano

Vocabulario y comunicación

- **En español:** Using cognates and visuals cues
- **En la clase de español:** Communicating in the classroom

Pronunciación

- The Spanish vowels

Gramática

- El alfabeto español

Sabor latino

- **Yo hablo español, ¿y tú?**

Destrezas

- **Comprensión de vocabulario:**
  - Making traditional and visual flashcards
  - Grouping words into categories

En resumen

- Vocabulario

 Pair icon: indicates that the activity is designed to be done by students working in pairs.

 Group icon: indicates that the activity is designed to be done by students working in small groups or as a whole class.

 (xx) **Audio icon:** indicates recorded material either as part of an activity or a reading text.

 Language icon: provides additional language and grammar support in presentations and for activities.

 Regional variation icon: provides examples of regional variations in the language.

 Recycling icon: provides a reminder of previously taught material that students will need to use in an activity.

UNIDAD	**1** PÁG. 16						**¡BIENVENIDOS!**
Hablamos de…	**Vocabulario y comunicación**	**¡En vivo!**	**Gramática**	**Destrezas**	**Sabor latino**	**En resumen**	
• Los compañeros de clase	• **Saludos y presentaciones:** Greeting people, making introductions, and saying good-bye • **Nacionalidades y profesiones:** Asking for and giving information about yourself and others • **Los números del 0 al 31, los meses y la fecha:** Sharing other personal information **Pronunciación** • The sounds of **ch** and **ñ**	• **Episodio 1 Saludos y mochilas:** Anticipating content	• Definite and indefinite articles • Subject pronouns and the verb *ser* • Present tense of *llamarse* and *tener*	• **Asociación Hispánica** – **Comprensión de lectura:** Guessing meaning from context – **Expresión escrita:** Brainstorming ideas about what you are going to write – **Interacción oral:** Talk, don't reads	• **Hispanos en EE. UU.**	• **Situación:** En el centro de estudiantes internacionales • Vocabulario	

UNIDAD	**2** PÁG. 40						**EN CASA**
Hablamos de…	**Vocabulario y comunicación**	**¡En vivo!**	**Gramática**	**Destrezas**	**Sabor latino**	**En resumen**	
• Una ciudad española	• **La casa y los colores:** Talking about preferences • **Los muebles y los números del 32 al 101:** Expressing opinions **Pronunciación** • The sounds of **h**, **ll** and **y**	• **Episodio 2 Unos muebles ho-rri-bles:** Focusing on intonation	• Gender, number, and agreement of nouns and adjectives • Present tense of regular *-ar* verbs • Verb *estar*	• **¿Pueblo o ciudad?** – **Comprensión de lectura:** Guessing meaning from context – **Expresión escrita:** Using models – **Interacción oral:** Visualizing your topic	• **Ser joven en España**	• **Situación:** Encuentra el apartamento ideal • Vocabulario	

UNIDAD	**3** PÁG. 64						**MI FAMILIA**
Hablamos de…	**Vocabulario y comunicación**	**¡En vivo!**	**Gramática**	**Destrezas**	**Sabor latino**	**En resumen**	
• Una familia mexicana	• **La familia:** Describing personality traits and physical conditions • **La ropa:** Describing physical characteristics **Pronunciación** • The sounds of **c** and **s**	• **Episodio 3 La chica más guapa del mundo:** Making inferences from non-verbal clues	• Present tense of *–er* and *–ir* verbs • Possessive adjectives • Demonstrative adjectives	• **La Nochebuena** – **Comprensión de lectura:** Identifying descriptive words – **Expresión escrita:** Making a chart – **Interacción oral:** Creating a graphic organizer	• **Tradiciones familiares**	• **Situación:** Encuentra a la persona de tus sueños • Vocabulario	

UNIDAD	4	PÁG. 88					EL DÍA A DÍA
Hablamos de…	**Vocabulario y comunicación**	**¡En vivo!**	**Gramática**	**Destrezas**	**Sabor latino**	**En resumen**	

• Los planes

Vocabulario y comunicación
- **Los días de la semana:** Asking and giving the time
- **Las profesiones:** Talking about everyday activities

Pronunciación
- The sound of **b** and **v**

¡En vivo!
- **Episodio 4 Problemas de horarios:** Observing details

Gramática
- Stem-changing verbs *e* ➡ *ie*, *o* ➡ *ue*, and *e* ➡ *i*
- Verbs *hacer* and *salir*
- Reflexive verbs

Destrezas
- **Los hispanos y su día a día**
- **Comprensión de lectura:** Focusing on specific information
- **Expresión escrita:** Collaborating with others
- **Interacción oral:** Creating an activity chart

Sabor latino
- **Vivir en Argentina**

En resumen
- **Situación:** Crea un horario y administra el tiempo
- Vocabulario

UNIDAD	5	PÁG. 112					¿TE GUSTA?
Hablamos de…	**Vocabulario y comunicación**	**¡En vivo!**	**Gramática**	**Destrezas**	**Sabor latino**	**En resumen**	

• El tiempo libre

Vocabulario y comunicación
- **Actividades de ocio y tiempo libre:** Talking about free time and describing moods and feelings
- **Los alimentos:** Ordering in a restaurant

Pronunciación
- The sounds of **r** and **rr**

¡En vivo!
- **Episodio 5 Un pelo en mi cena:** Using images to predict content

Gramática
- *Gustar* and similar verbs
- Using *también* and *tampoco* to agree and disagree
- Verb *doler* and parts of the body

Destrezas
- **Las recomendaciones de Mónica**
- **Comprensión de lectura:** Making inferences about personality and attitude
- **Expresión escrita:** Using supporting examples
- **Interacción oral:** Using models

Sabor latino
- **Tradiciones gastronómicas**

En resumen
- **Situación:** Visita a una familia venezolana
- Vocabulario

UNIDAD	6	PÁG. 136					VAMOS DE VIAJE
Hablamos de…	**Vocabulario y comunicación**	**¡En vivo!**	**Gramática**	**Destrezas**	**Sabor latino**	**En resumen**	

• El transporte en la ciudad

Vocabulario y comunicación
- **Los medios de transporte:** Stopping someone to ask for information
- **Establecimientos de la ciudad:** Describing where things are located

Pronunciación
- The sounds of **g**, **gu** and **j**

¡En vivo!
- **Episodio 6 Un barrio interesante:** Retaining information

Gramática
- Irregular verbs *ir*, *seguir*, *jugar*, and *conocer*
- Prepositions *en*, *a*, *de*
- Direct object pronouns
- Adverbs of quantity

Destrezas
- **¡Ya estoy en Ciudad de México!**
- **Comprensión de lectura:** Identifying keywords
- **Expresión escrita:** Persuasion
- **Interacción oral:** Seeking feedback

Sabor latino
- **Turismo de aventura**

En resumen
- **Situación:** Recados y conversaciones
- Vocabulario

Tabla de verbos	Pág. AP 2
Resumen gramatical	Pág. AP 12
Glosario	Pág. AP 20

¡HOLA!

Hablamos de…	Vocabulario y comunicación	Gramática	Sabor latino	Destrezas	En resumen
• Los países del mundo hispano	• **En español:** Using cognates and visuals cues • **En la clase de español:** Communicating in the classroom	• El alfabeto español	• **Yo hablo español, ¿y tú?**	• **Comprensión de vocabulario:** – Making traditional and visual flashcards – Grouping words into categories	• Vocabulario
	Pronunciación				
	• The Spanish vowels				

Madrid,
España

San Miguel de Allende,
México

San Juan,
Puerto Rico

Caracas,
Venezuela

¿HABLAS
ESPAÑOL?

LEARNING
OUTCOMES

By the end of this unit, you will be able to:

- Recognize words in Spanish that are related to English
- Identify objects and people in a classroom
- Ask what something means
- Ask how to say something in Spanish
- Ask someone to repeat or explain
- Spell in Spanish

0.1 Look at the map of Spanish-speaking countries around the world and select the sentences that are true. Focus on the words in Spanish that look like words you know in English.

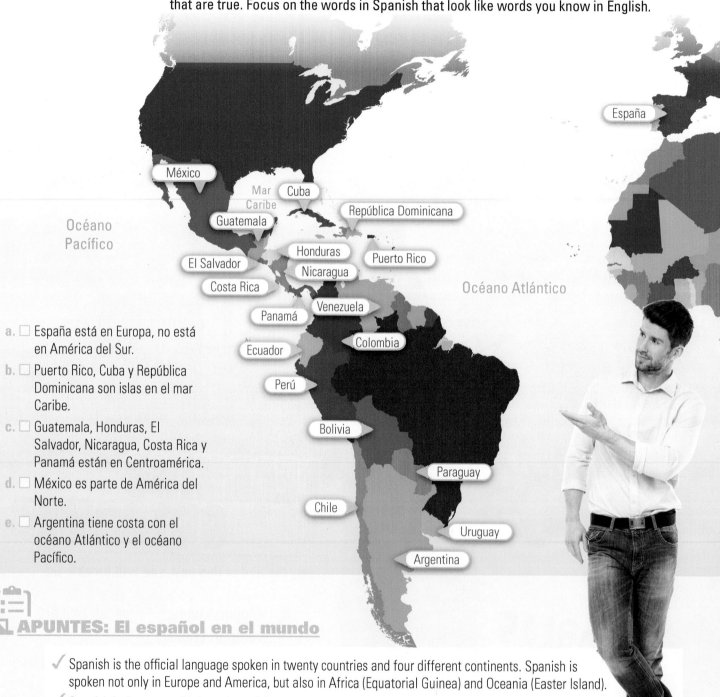

España

México

Mar Caribe

Cuba

República Dominicana

Guatemala

Océano Pacífico

Honduras

Puerto Rico

El Salvador

Nicaragua

Costa Rica

Océano Atlántico

Venezuela

Panamá

Colombia

Ecuador

Perú

Bolivia

Paraguay

Chile

Uruguay

Argentina

a. ☐ España está en Europa, no está en América del Sur.

b. ☐ Puerto Rico, Cuba y República Dominicana son islas en el mar Caribe.

c. ☐ Guatemala, Honduras, El Salvador, Nicaragua, Costa Rica y Panamá están en Centroamérica.

d. ☐ México es parte de América del Norte.

e. ☐ Argentina tiene costa con el océano Atlántico y el océano Pacífico.

APUNTES: El español en el mundo

✓ Spanish is the official language spoken in twenty countries and four different continents. Spanish is spoken not only in Europe and America, but also in Africa (Equatorial Guinea) and Oceania (Easter Island).

✓ Spanish is the most widely spoken of the romance languages, which are languages that derive from Latin. These include Portuguese, French, and Italian among others.

✓ The first document found written in Spanish dates back to 975 and is a prayer to God.

✓ Colombia means "land of Christopher Columbus"; Bolivia, "land of Simon Bolivar"; Argentina, "land of silver"; and Venezuela, "little Venice".

Sources: Adaptado de: http://www.tallerdeescritores.com/curiosidades-del-espanol.php.

0.2 Follow along as you listen to the professor welcome his students to Spanish class. Then indicate if the statements that follow are true (T) or false (F).

¡Hola! Bienvenidos todos a la clase de español. Soy el señor Blanco. Soy de Madrid, la capital de España. El español es una lengua importante. Muchas personas en el mundo hablan español. ¿En qué países hablan español? Miren el mapa. Hablan español en México, Guatemala, El Salvador, Honduras, Costa Rica, Nicaragua, Panamá, Colombia, Ecuador, Perú, Bolivia, Chile, Argentina, Uruguay, Paraguay, Venezuela, Puerto Rico, República Dominicana, Cuba y España.

¿Hablan español en Estados Unidos?

		T	F
a.	According to the teacher, Spanish is an important language.	✓	☐
b.	He says that people in Guatemala, Paraguay, and Brazil speak Spanish.	☐	✓
c.	The teacher is from Spain.	✓	☐
d.	His name is Mr. Blanco.	✓	☐
e.	Madrid is the capital of Spain.	✓	☐
f.	At the end, he states that people in the United States speak Spanish.	☐	✓

0.3 Identify each country below and include any information you know about the country such as its capital, famous landmarks, people, and so on. Then share the information with the class.

0.4 In groups of three or four, discuss the following questions.

– What did you learn about the Hispanic world that you didn't know before?
– What more would you like to learn?
– Why do you think learning Spanish or any other language is important?
– How do you plan to use Spanish in your life now or in the future?

1.A VOCABULARIO: EN ESPAÑOL

Cognates are words that look alike in Spanish and English. Although they have the same meaning, they are pronounced differently.

0.1 Listen to the following words in Spanish and see how many you understand. Then match the word to the appropriate image below. Use your knowledge of cognates to help you.

1. cafetería .... ☐
2. música .... ☐
3. clase .... ☐
4. teléfono celular ..... ☐
5. familia .... ☐
6. mapa .... ☐
7. alfabeto .... ☐
8. computadora .... ☐

DESAYUNOS
MENÚ DEL DIA
BURRITOS-TACOS-NACHOS
SOPAS-ENSALADAS
HAMBURGUESAS-SANDWICH
CARNES-POLLO-TRUCHA
ONCES-CAFÉ

0.2 Look at the following menu posted outside a restaurant in Cartagena, Colombia. With a partner, make a list of the words you recognize. Then try guessing at some of the unfamiliar words.

Familiar words	Unfamiliar words and their possible meaning

0.3 What other menu items do you know in Spanish? With a partner, use your own life experiences to create a menu with other food items you know.

1.B COMUNICACIÓN: USING COGNATES AND VISUAL CUES

Focusing on visual cues

Focusing on visual cues is another strategy that will help you figure out the meanings of new words. Use the visuals that accompany a text to anticipate content and meaning. Rely on universally accepted formats and details to help you draw appropriate conclusions.

Cognates

As you have already seen, cognates are words in Spanish and English that look similar and often have the same meaning. As you begin your study of Spanish, cognates will help you access meaning. You will also notice that Spanish borrows many words from English, especially in the area of technology.

False friends

Not all words that look similar will have the same meaning. For example, the menu on the previous page lists **sopa**. While **sopa** may look like the English word "soap", **sopa** means "soup." The same can be said for **dinero** ("money", not "dinner") and **partido** ("game", not "party"). These words are called false friends or **falsos amigos**.

0.4 Before you begin to read, look at the image and predict what the text might be about. Then point out the cognates and other words you recognize in the text. Can you answer the question at the end?

Hola, mi nombre es Sofía y soy estudiante. Estudio inglés en la escuela. Mi escuela es grande y tengo muchos amigos. Mis amigos son de Ecuador, México y Perú. Uso el celular para comunicarme con mis amigos. También uso el celular para estudiar y escuchar música. Y tú, ¿estudias español en clase?

0.5 With a partner, look at the following signs and try to determine what each one is saying. Concentrate on the words you recognize and use the visuals to guess at unfamiliar words. Compare your answers with those of another pair.

0.6 Create your own sign using the expressions above and present it to the class.

0.7 Look at the drawing of the classroom and listen to the words for the people and objects you see.

1. un libro
2. una silla
3. un cuaderno
4. un bolígrafo

5. un lápiz
6. un estudiante
7. una tableta
8. una carpeta

9. una mochila
10. una mesa
11. una papelera
12. un borrador

13. una pizarra
14. un marcador
15. una profesora
16. una ventana

17. un tablero de anuncios
18. una puerta

0.8 List the words above according to the categories below. Then compare your answers with a partner.

Objetos de la clase	Objetos personales	Personas

0.9 Choose one of the images below to describe to your partner and see whether he/she has the same items. Your partner can either mark or point to the item. Use the *Modelo* as a guide.

Modelo: E1: Una computadora.   E2: Sí, aquí *(here)*. / No, aquí no.

Estudiante 1

Estudiante 2

2.B COMUNICACIÓN: COMMUNICATING IN THE CLASSROOM

0.10 (4) Listen to some useful questions and phrases used by students and professors in the classroom.

>> **Para comunicarte con el profesor / la profesora:**
¿Cómo se dice *blackboard* en español? *How do you say* blackboard *in Spanish?*
No comprendo. *I don't understand.*
¿Puede repetir, por favor? *Can you please repeat?*
Más despacio, por favor. *More slowly, please.*
¿Qué significa "pizarra"? *What does "pizarra" mean?*
¿Cómo se escribe … en español? *How do you spell it in Spanish?*
¿Puede escribirlo en la pizarra? *Can you write it on the board?*
¿Está bien así? *Is this right?*

In Spanish, question marks and exclamation points are placed before and after the sentence. Notice that at the beginning they are written upside down.
- ¿Está bien así?
- ¡Perfecto!

>> **Expresiones que usa el profesor / la profesora en la clase:**
Abran los libros (en la página…), por favor. *Open your books (to page …), please.*
Cierren los libros. *Close your books.*
Escuchen con atención. *Listen carefully.*
Miren la pizarra. *Look at the board.*
Trabajen en parejas. *Work in pairs.*
¿Comprenden? *Do you understand?*
¿Tienen preguntas? *Do you have any questions?*
Sí, está bien. *Yes, it's fine.*
Sí, claro. *Yes, of course.*

0.11 Fill in the blanks to complete the following conversations. Then practice them aloud with a partner.

a. ● ¿Qué .... "carpeta"?
● "Carpeta" es *folder* o *binder* en inglés.

c. ● ¿Cómo .... *backpack* en español?
● Mochila.
● ¿............... en la pizarra?
● Sí, claro.

b. ● ¿Cómo ...... *wastepaper basket* en español?
● Papelera.
● ...., por favor.
● Pa-pe-le-ra.

d. ● ¿Cómo .... *bulletin board* en español?
● Tablero de anuncios.
● ¿Puede ...., por favor?
● Sí, ... Tablero de anuncios.

0.12 What would you say or do in the following situations? Work with a partner and take turns responding.

What would you say?	What would you do if your professor says…?
1. You don't understand the word "ventana".	4. Escuchen con atención la conversación entre Luis y Marta.
2. Your professor is talking too fast.	5. Abran los libros en la página 28 y trabajen en parejas.
3. You need to hear something again.	6. Miren el mapa.

0.13 With a partner, create your own conversations using the expressions from 0.10 and the vocabulary from activity 0.7.

GRAMÁTICA

1. EL ALFABETO ESPAÑOL

0.1 Listen to the names of the letters in Spanish. What differences do you notice?

🎧 5

A	B	C	D	E	F	G	H	I
a	be	ce	de	e	efe	ge	hache	i

J	K	L	M	N	Ñ	O	P	Q
jota	ka	ele	eme	ene	eñe	o	pe	cu

R	S	T	U	V	W	X	Y	Z
erre	ese	te	u	ve *or* uve	doble ve *or* doble uve	equis	i griega *or* ye	zeta

When used together, **ch** *(che)* and **ll** *(elle)* produce a single sound. They are not considered letters.

0.2 Listen and select the correct option.

🎧 6

1. ☑ b / ☐ v
2. ☑ g / ☐ ñ
3. ☐ y / ☑ j
4. ☐ s / ☑ r
5. ☑ j / ☐ g
6. ☐ h / ☑ x
7. ☐ z / ☑ c
8. ☑ p / ☐ b

0.3 Listen and select the letter in each group that is not mentioned.

🎧 7

1. ☐ F ☐ H ☐ G ☐ J
2. ☐ M ☐ N ☐ Ñ ☐ P
3. ☐ K ☐ C ☐ W ☐ G
4. ☐ V ☐ D ☐ B ☐ E
5. ☐ Y ☐ T ☐ I ☐ L

México, Cuba, República Dominicana, Puerto Rico, Guatemala, El Salvador, Nicaragua, Costa Rica, Panamá, Colombia, Perú, Brasil, Bolivia, Chile, Argentina

0.4 Write the name of the letters to spell out the following Hispanic countries. Then write the name of the country on the map.

a. **V** **E** **N** **E** **Z** **U** **E** **L** **A**
uve e ene e zeta u e ele a

b. **U** **R** **U** **G** **U** **A** **Y**

c. **E** **C** **U** **A** **D** **O** **R**

d. **P** **A** **R** **A** **G** **U** **A** **Y**

e. **H** **O** **N** **D** **U** **R** **A** **S**

0.5 Write out the names of the following countries where Spanish is spoken.

    a. Pe - a - ene - a - eme - á ....

    b. E - ese - pe - a - eñe - a ....

    c. Eme - é - equis - i - ce - o ....

    d. Be - o - ele - i - uve - i - a ....

    e. A - erre - ge - e - ene - te - i - ene - a ....

    f. Ce -hache - i - ele - e ....

0.6 Write out the letters of your name in Spanish in the name tag. Then, in groups of three or four, take turns spelling your name out to each other.

    (Modelo:) E1: Hola, mi nombre es "ese-te-e-pe-hache".

               E2: Hola, Steph.

0.7 Practice saying and spelling new vocabulary words in Spanish with your group. Ask each other about the words you have learned so far.

    (Modelo:) E1: ¿Cómo se dice *table* en español y cómo se escribe?

               E2: Mesa, eme - e - ese - a.

               E1: Sí, está bien.

PRONUNCIACIÓN

THE SPANISH VOWELS

In Spanish, each vowel has only one sound and is pronounced the same way in almost every case.

Vowel	Sound like	Examples
a	*a* in f*a*ther, but shorter	*m*a*rca, c*a*rpet*a*, h*a*bl*a*
e	*e* in th*e*y, but shorter	*m*e*sa, *e*studiant*e*, clas*e*
i	*i* in mach*i*ne, but shorter	*sí, escr*i*be, am*i*go*
o	*o* in z*o*ne, but shorter	*n*o*mbre, pr*o*fesora, g*o*ma*
u	*u* in r*u*le, but shorter	*an*u*ncio, preg*u*nta, esc*u*cha*

0.1 Listen and repeat after the speaker.

0.2 List the words you hear in the appropriate column according to their vowel sound.

a	e	i	o	u

YO HABLO ESPAÑOL, ¿Y TÚ?

El español es la segunda lengua más hablada en el mundo. Se habla en casi toda América Latina y España. Se habla en Filipinas y en algunas partes de África. ¡Apréndelo!

Catedral Metropolitana en el Zócalo de la capital mexicana, Ciudad de México

Playa Flamenco en la Isla de Culebra, Puerto Rico

Bosque tropical en Costa Rica

Machu Picchu en Perú

Barrio de La Boca en Buenos Aires, Argentina

México · Ciudad de México · Habana · **Cuba** · **República Dominicana** · Santo Domingo · San Juan **Puerto Rico** · **Guatemala** · Guatemala · **Honduras** · Tegucigalpa · **El Salvador** · San Salvador · **Nicaragua** · Managua · **Costa Rica** · San José · Panamá **Panamá** · **Caracas** · **Venezuela** · Bogotá · **Colombia** · Quito · **Ecuador** · **Perú** · Lima · **Bolivia** · La Paz · **Paraguay** · Asunción · **Chile** · Santiago · **Uruguay** · Buenos Aires · Montevideo · **Argentina**

¿SABES QUE....? (DO YOU KNOW THAT...?)

✓ Spanish is the second most widely spoken language in the world. (Mandarin is first and English is third.)

✓ Spanish is the third language with the highest number of Internet users (8 % of the total number of users).

✓ Another name for Spanish is Castilian (*castellano*), named after the region in Spain where it originated.

✓ The letter ñ only exists in Spanish.

SELECT THE CORRECT OPTION TO COMPLETE EACH SENTENCE.

a Spanish is the **first** / **second** most widely spoken language in the world.

b The letter **q** / **ñ** is unique to Spanish.

c The majority of students in the United States study **Spanish** / **Japanese**.

d **Many** / **Not many** people speak Spanish.

e Another name for Spanish is **Castilian** / **European Spanish**.

f Spanish is the **second** / **third** language with the highest number of Internet users.

España

Barcelona

• Madrid

Valencia •

• Sevilla

Molinos de viento
en Castilla la Mancha, España

Parque Güell en Barcelona,
España

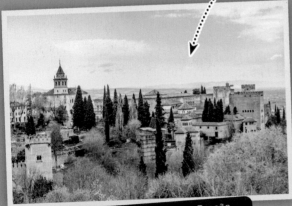

La Alhambra en Granada, España

QUICK FACTS!

✓ In the United States, Spanish is
the second most widely spoken
language.

✓ Spanish is the second most
studied language among
students in the United States.

✓ According to a study from the
University of Lyon, France,
Spanish speakers can pronounce
7.8 syllables per second. (Only
Japanese has a higher number of
syllables per second.)

Fuentes: Institute of Latin American Studies, Pew Research, World
Bank BBC Worldwide, Cambio Climático Global, Procisur, United
Nations.

DESTREZAS

In this section of every unit, you will practice three of the four communication skills: reading, writing, and speaking. Specific strategies are presented to guide you as you complete the activities. Use the strategies in *Destrezas* to become a better learner.

1. COMPRENSIÓN DE VOCABULARIO

Learning vocabulary is one of the basic building blocks you need to begin communicating in Spanish. Experiment to find your own learning style and use what works best for you. Here are some strategies.

Making flashcards

Make traditional flashcards with Spanish on one side and English on the other. Quiz yourself or have others quiz you.

Making visual flashcards

Draw a picture of a word or action on one side of a card and the Spanish word on the other. You don't have to be a great artist, as you are the only one that needs to know what the drawing represents. Use them to quiz yourself or have others use the cards to quiz you.

Grouping words into categories

Group words into categories that make sense to you. These categories can be based on meaning, parts of speech, common properties, topic, etc. Label the list according to your reasoning for the grouping.

0.1   Apply one of the strategies presented above to this list of vocabulary words. Use a dictionary for any words you don't know.

afiche	mesa	mochila	tableta
marcador	silla	carpeta	computadora portátil
bolígrafo	borrador	lápiz	pizarra digital interactiva
cuaderno	diccionario	papelera	tablero de anuncios

0.2   Choose a partner who selected a different strategy from yours and practice quizzing each other. Which one of you did better recalling the words?

I learn vocabulary better using:	
☐ images	☐ word associations
☐ a dictionary	☐ translations
☐ drawings	☐ ....

LISTA DE VOCABULARIO

En la clase In class

el bolígrafo pen
el borrador eraser
la carpeta folder, binder
la computadora computer
el cuaderno notebook
el diccionario dictionary
el estudiante student (male)
la estudiante student (female)
el lápiz pencil
el marcador marker
la mesa table, desk
la mochila backpack
la papelera wastepaper basket
la pizarra blackboard
el profesor teacher (male)
la profesora teacher (female)
la puerta door
la silla chair
el tablero de anuncios bulletin board
la tableta tablet
la ventana window

Para comunicarte con tu profesor / profesora
To communicate with your teacher

¿Cómo se dice… en español? How do you say… in Spanish?
¿Cómo se escribe… en español? How do you spell… in Spanish?
¿Está bien así? Is this right?
Hola, mi nombre es… Hi, my name is…
No comprendo. I don't understand.
¿Puede escribirlo en la pizarra? Can you write it on the blackboard?
¿Puede repetir, por favor? Can you please repeat?
¿Qué significa…? What does… mean?

Expresiones que usa el profesor / la profesora en la clase
Expressions used by the teacher in the classroom

Abran los libros (en la página…), por favor. Open your books (to page…), please.
Cierren los libros. Close your books.
¿Comprenden? Do you understand?
Escuchen con atención. Listen carefully.
Miren la pizarra. Look at the board.
¿Tienen preguntas? Do you have any questions?
Trabajen en parejas. Work in pairs.
Sí, está bien. Yes, it's fine.
Sí, claro. Yes, of course.

Otras palabras y expresiones útiles
Other useful words and expressions

bienvenidos welcome
está/están is/are (located)
el mundo hispano Hispanic world
Hola, mi nombre es… Hi, my name is…
los países countries

¡BIENVENIDOS!

Hablamos de…	Vocabulario y comunicación	¡En vivo!	Gramática	Destrezas	Sabor latino	En resumen
• Los compañeros de clase	• **Saludos y presentaciones:** Greeting people, making introductions, and saying good-bye • **Nacionalidades y profesiones:** Asking for and giving information about yourself and others • **Los números del 0 al 31, los meses y la fecha:** Sharing other personal information	• **Episodio 1 Saludos y mochilas:** Anticipating content	• Definite and indefinite articles • Subject pronouns and the verb *ser* • Present tense of *llamarse* and *tener*	• **Asociación Hispánica** – **Comprensión de lectura:** Guessing meaning from context – **Expresión escrita:** Brainstorming ideas about what you are going to write – **Interacción oral:** Talk, don't read	• **Hispanos en EE. UU.**	• **Situación:** En el centro de estudiantes internacionales • Vocabulario
	Pronunciación					
	• The sounds of **ch** and **ñ**					

Los muchachos son de América Latina.

- ¿Dónde están las personas? ¿Están en la universidad o en la calle?
- ¿Son estudiantes o amigos?
- Y tú, ¿estás en clase con tus amigos?
- ¿Está la bandera de tu país en la foto?

LEARNING OUTCOMES

By the end of this unit, you will be able to:

- Say hello, good-bye, and make introductions
- Give your age and say where you are from
- Ask others about themselves
- Identify some common professions
- Express dates and phone numbers

1.1 Look at the image below of students on their way to class. Then choose the correct answer based on what you see or can infer from the image.

1. La imagen representa...

a. una foto de familia.

b. una foto de compañeros de clase.

c. una foto de vacaciones.

2. Los muchachos están...

a. en clase.

b. en el campus universitario.

c. en la cafetería.

3. En la imagen...

a. hay tres muchachos.

b. hay un muchacho y tres muchachas.

c. hay dos muchachos y dos muchachas.

4. Los muchachos tienen...

a. mochilas y cuadernos.

b. carpetas y papeleras.

c. bolígrafos y lápices.

1.2 Follow along as you listen to a conversation between students meeting for the first time. Then choose the best option.

Nélida: Hola, ¿qué tal? Me llamo Nélida. Y ustedes, ¿cómo se llaman?

Alberto: Hola, yo soy Alberto y él es Miguel.

Miguel: ¿Qué tal? Ella es Cecilia. Es colombiana, de Bogotá.

Cecilia: Hola a todos, ¿qué tal? ¿De dónde eres, Alberto? ¿Eres norteamericano?

Alberto: No, soy argentino, de Buenos Aires, pero vivo aquí en Estados Unidos.

Nélida: Cecilia, ¿cuántos años tienes?

Cecilia: Tengo veinte años. ¿Y tú?

Nélida: Tengo dieciocho años.

Miguel: Bueno, muchachos, vamos a clase. ¡Hasta luego!

Alberto: Sí, es verdad, ¡hasta luego!

Nélida y Cecilia: ¡Adiós!

a. Alberto no es **norteamericano / argentino**.

b. Cecilia tiene **veinte / dieciocho** años.

c. La muchacha colombiana se llama **Nélida / Cecilia**.

d. Alberto es de **Bogotá / Buenos Aires**.

e. Alberto, Nélida, Cecilia y Miguel son **estudiantes / profesores** en la universidad.

1.3 Listen to Miguel, Nélida, Cecilia, and Alberto talk about where they are from. Then fill in the missing words in the sentences below.

a. Miguel es de Los Ángeles, él es ....

b. Alberto es de Buenos Aires, él es ....

c. Nélida es de Madrid, ella es ....

d. Cecilia es de Bogotá, ella es ....

1.4 Follow along as you listen to the conversations below. What is the difference between them? Then, in groups of three, practice the conversations aloud with each of you taking a part.

The following abbreviations are used for a person's title:
señor ▶ **Sr.**
señora ▶ **Sra.**
señorita ▶ **Srta.**

Victoria: ¡Hola, Ana! ¿Qué tal estás?
Ana: Bien. Mira, esta es Susana, una amiga de clase.
Victoria: Hola, Susana.
Susana: ¡Hola! ¿Qué tal?

Patricia: Buenos días, Leonor. ¿Cómo está usted?
Leonor: Muy bien, gracias. Mire, le presento al señor Fernández.
Sr. Fernández: Encantado.
Patricia: Mucho gusto.

It is common practice in Hispanic cultures to greet friends with a hug and a kiss. In many countries such as in Argentina, Spain, and Uruguay, kissing on both cheeks between a man and a woman or two women is standard practice. Kisses are often a brief touching of the cheeks while making a kissing sound.

un abrazo   **un beso**

1.5 Read the following expressions and decide whether they would most likely be used in formal (F) or informal (I) situations. Then write what you think the expressions mean. Compare your answers with a partner.

	F	I	What do you think it means?
a. Hola, ¿qué tal?	☐	☑	Hi, What's up
b. Buenos días, ¿cómo está?	☑	☑	Good morning, How are you
c. Encantado.	☑	☐	Delighted meet you

1.6 In groups of three, take turns introducing each other in formal and informal situations using the conversations above as a model. *¡Atención!* Be sure to substitute your own information.

APUNTES: El español en Estados Unidos

✓ En Estados Unidos hay más de 819 100 estudiantes internacionales en las universidades, un 4% de todos los estudiantes universitarios.

✓ Colombia, México y España son los países hispanohablantes que más estudiantes tienen en las universidades de Estados Unidos.

✓ Menos del 10% de los estudiantes de Estados Unidos estudian en el extranjero.

✓ Muchos jóvenes estudian en España, pero países como Costa Rica, Perú y Ecuador también son destinos populares.

Fuentes: Pew Research Center, 2013; Institute of International Education, 2013.

VOCABULARIO Y COMUNICACIÓN

1.A VOCABULARIO: SALUDOS Y PRESENTACIONES

1.1 A group of students met in the library after class to start work on their first assignment for Spanish class. Listen as they introduce themselves and say where they are from. Complete the sentences with the information from the list based on what you hear. Then listen again to check your answers.

Puerto Rico • Chile
República Dominicana
India • Canadá

	Nombre		País
a.	Ahmal	/	India
b.	Alberto	/	Chile
c.	Ana	/	República Dominicana
d.	María	/	Canada
e.	Bhente	/	Puerto Rico

To ask about another person's name, say:
- ¿Cómo se llama él?
(for a male)
- ¿Cómo se llama ella?
(for a female)

1.2 With a partner, point to one of the students in the image above and take turns asking each other for their names and places of origin.

Modelo:
E1: ¿Cómo se llama él?   E1: ¿De dónde es?
E2: Se llama Eduardo.   E2: Es de Estados Unidos.

To ask about where another person is from, say:
- ¿De dónde es él (ella)?

1.3 In groups of three, take turns introducing yourselves and each other using the *Modelo* below.

Hola, me llamo Marta, ¿qué tal?

Hola, muy bien, gracias. Yo soy Eva y este es Carlos.

Hola, Carlos, ¿qué tal?

Muy bien, encantado. ¿Estudias aquí en la universidad?

Sí, estudio español.

1.B COMUNICACIÓN: GREETING PEOPLE, MAKING INTRODUCTIONS, AND SAYING GOOD-BYE

Informal	Formal

Para saludar *To say hello*

Hola, ¿qué tal? *Hi, what's up?*	Buenos días / Buenas tardes. *Good morning / Good afternoon.*
Hola, ¿qué tal estás? *Hi, how are you doing?*	Buenas noches. *Good evening, Good night.*

Para presentarse *To introduce yourself*

Hola, soy… *Hi, I'm…*	Buenos días / Buenas tardes,
Hola, me llamo… *Hi, my name is…*	Buenas noches, } soy / me llamo…

Para presentar a alguien *To introduce someone*

Mira, este es Dan. *Hey, this is Dan.*	Mire, le presento al Sr. Pérez. *Look, I'd like to introduce you to Mr. Pérez.*
Mira, esta es Jenny. *Hey, this is Jenny.*	
Mira, estos son Dan y Bill. *Hey, these are Dan and Bill.*	Mire, le presento a la Sra. Díaz. *Look, I'd like to introduce you to Mrs. Díaz.*
Mira, estos son Dan y Jenny.	
Mira, estas son Jenny y Ana.	

Para responder a una presentación *To respond to an introduction*

Hola, ¿qué tal? *Hi, what's up?*	Encantado. *Delighted. (Said by a male.)*
	Encantada. *Delighted. (Said by a female.)*
	¿Cómo está? *How do you do?*
	Mucho gusto. *Pleased to meet you.*

Para despedirse *To say good-bye*

Adiós. *Good-bye.*
Hasta luego / mañana / pronto. *See you later / tomorrow / soon.*

1.4 Look at the people below as they introduce themselves. Match the expressions to the appropriate image.

a. Buenas tardes. Yo soy el Sr. Martín.

b. Hola, ¿qué tal? Soy Melinda.

c. Hola, ¿qué tal estás? Me llamo Mario. ¿Y tú?

d. Hola, me llamo Felipe y esta es mi amiga María.

1.5 Introduce the people above to your partner using informal expressions. Your partner will respond appropriately.

1.6 Match the countries from the list to their correct location on the map. Check your answers with a partner.

a. Argentina
b. Chile
c. Colombia
d. Cuba
e. Estados Unidos
f. México
g. Nicaragua
h. Panamá
i. Perú

Estados Unidos

Mar

Guatemala

Cuba

República Dominicana

PUERTO RICO

México

Honduras

Nicaragua

Venezuela

El Salvador

Costa Rica

Panamá

Colombia

Ecuador

Perú

Océano Atlántico

Océano Pacífico

Bolivia

Paraguay

Uruguay

Chile

Argentina

1.7 With a partner, identify the countries marked with a number on the map above.

1. ....
2. ....
3. ....
4. ....
5. ....
6. ....
7. ....
8. ....
9. ....
10. ....
11. ....

¿Qué país hispanohablante no está representado en el mapa? ....

1.8 With a partner, fill in the missing nationalities from around the world. Use the clues already provided in the chart to help you with the forms. Can you recognize all the countries in Spanish?

País	Hombre	Mujer
Estados Unidos	Norte americano	norteamericana
Chile	chileno	chilena
México	mexicano	mexicana
Cuba	cubano	cubana
China	chino	china
Italia	italiano	italiana
Corea	coreano	coreana
India	indio	india
Ecuador	ecutoriano	ecuatoriana
Perú	peruano	peruana
Puerto Rico	puertorriqueño	puertorriqueña
República Dominicana	dominicano	dominicana
Francia	francés	francesa
Japón	japonés	japonesa
Inglaterra	inglés	inglesa
España	español	española

- Nationalities in Spanish vary in form when referring to a man *(hombre)* or a woman *(mujer)*. Do you see a pattern in the way they are formed?
- Some nationalities have an accent in the masculine form only.
- Form plurals by adding **-s** or **-es**.

norteamericano = estadounidense, americano

1.9 Listen to Olga introduce her friends Daniel and Susie. Then choose the correct nationality for each of them.

(14)

a. Daniel es...
- ☐ español.
- ☑ francés.
- ☐ dominicano.

b. Susie es...
- ☐ india.
- ☑ china.
- ☐ japonesa.

c. Olga es...
- ☑ cubana.
- ☐ italiana.
- ☐ puertorriqueña.

1.10 Look carefully at the following images of stamps honoring people from around the world. With a partner take turns asking who they are and where they are from.

Modelo: E1: ¿Cómo se llama?   E1: ¿De dónde es?
         E2: Se llama Shakespeare. E2: Es inglés.

1.11 With a partner, look at the photos of the following well-known figures. Do you know who they are and what they do? Choose the correct profession from the list for each of them. *¡Atención!* Be sure to use the correct form.

Some jobs and professions	
For males:	**For females:**
ingeniero ▶	ingeniera *engineer*
profesor ▶	profesora *teacher*
futbolista ▶	futbolista *soccer player*
médico ▶	médica *doctor*
escritor ▶	escritora *writer*
cantante ▶	cantante *singer*
actor ▶	actriz *actor / actress*
tenista ▶	tenista *tennis player*
estudiante ▶	estudiante *student*

futbolista   actriz   astronauta   escritora

1.12 Match the following information with each of the people above.

		a	b	c	d
1.	Es colombiana.	a	☑	c	d
2.	Es una escritora chilena.	a	b	c	☑
3.	Es argentino.	☑	b	c	d
4.	De origen español, nacionalizado estadounidense.	a	b	☑	d
5.	Es futbolista en el F. C. Barcelona.	☑	b	c	d
6.	Publica una novela al año.	a	b	c	☑
7.	Es actriz en una serie de televisión norteamericana.	a	☑	c	d
8.	Pasó *(he stayed)* doscientos quince días en el espacio exterior.	a	b	☑	d
9.	Vive en España.	☑	b	c	d
10.	Es miembro de la Academia Estadounidense de las Artes y las Letras.	a	b	c	☑
11.	Actualmente está retirado.	a	b	☑	d
12.	Vive en Los Ángeles.	a	☑	c	☑

1.13 Read more about these people and fill in the blanks with the information from the previous activity and the answers you selected.

Lionel Messi es un futbolista .... que vive actualmente en .... porque juega en el ...., un equipo español.

Es un gran futbolista. Es jugador de la selección argentina de fútbol desde hace varios años.

Sofía Vergara es ...., famosa en Estados Unidos por su participación en la serie de televisión *Modern Family*. Interpreta a Gloria Delgado en la serie, una mujer ...., casada con un hombre norteamericano.

Actualmente vive en .... junto a su hijo, Manuel.

Miguel López-Alegría nace *(is born)* en Madrid pero tiene nacionalidad .... Es el primer astronauta de origen español en llegar al espacio exterior. En una de sus misiones, ... en el espacio exterior. Actualmente, está

....

Isabel Allende nace accidentalmente en Perú pero es .... Es .... y publica .... al año. Vive en Estados Unidos y desde 2004 es miembro de la Academia

....

2.B COMUNICACIÓN: ASKING FOR AND GIVING INFORMATION ABOUT YOURSELF AND OTHERS

- ¿Cómo te llamas? *What's your name?*
- Me llamo Francisca García Mejías. *My name is Francisca García Mejías.*

- ¿De dónde eres? *Where are you from?*
- Soy de México. / Soy mexicana. *I'm from Mexico. / I'm Mexican.*

- ¿Dónde vives? *Where do you live?*
- Vivo en Puebla. / Vivo en la calle Reina. *I live in Puebla. / I live on Reina Street.*

- ¿Qué haces? *What do you do?*
- Soy estudiante. *I'm a student.*

Hola, soy Francisca García Mejías.

Los apellidos. People in Spanish-speaking countries often use two last names. In the case of Francisca García Mejías, García is Francisca's father's last name or *apellido* and Mejías is her mother's. In this way, both sides of the family are represented.

1.14

Listen to the following conversations and fill in the missing words. Then practice the conversation with a partner.

a. En un café...	b. En la biblioteca...	c. En la calle...

   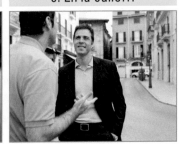

Carlos: Hola, buenas tardes. ¿Cómo te llamas?
Miranda: Me llamo Miranda.
Carlos: ¿............. haces, Miranda?
Miranda: Soy ....

Bibliotecaria: ¿Cómo te llamas?
Rolando: Me .... Rolando Castro Gómez.
Bibliotecaria: ¿............. vives?
Rolando: Vivo en la calle Molina.
Bibliotecaria: Muy bien, pues aquí tienes el libro.

Miguel: ¿De dónde.............?
Berto: .... puertorriqueño. ¿Y tú?
Miguel: Soy de............. .
Berto: ¿Y qué.............?
Miguel: ....profesor. ¿Y tú?
Berto: Soy............... Estudio para ser............... .

1.15

With a partner, take turns introducing yourself as one of the people in the images. Give your name, say where you are from, and what you do. Use your imagination and the cues in the images to help you create a profile.

1.16 Listen to the numbers from 0 to 31 and check off the numbers that refer to your age and birthdate as you hear them. What numbers did you choose?

0	cero	8	ocho	16	dieciséis	24	veinticuatro
1	uno	9	nueve	17	diecisiete	25	veinticinco
2	dos	10	diez	18	dieciocho	26	veintiséis
3	tres	11	once	19	diecinueve	27	veintisiete
4	cuatro	12	doce	20	veinte	28	veintiocho
✓ 5	cinco	13	trece	21	veintiuno	29	veintinueve
✓ 6	seis	14	catorce	22	veintidós	30	treinta
7	siete	✓ 15	quince	23	veintitrés	31	treinta y uno

1.17 Listen to the numbers and select the ones you hear.

☐ 3   ☐ 2   ☐ 16   ☐ 7   ☐ 12   ☑ 11   ☑ 25

☑ 15   ☑ 9   ☑ 14   ☑ 28   ☐ 18   ☑ 13   ☐ 20

The months in Spanish are not capitalized.

1.18 Listen to the names of the months in Spanish. Then list the months under the appropriate categories. Check your answers with a partner. Did you list the same months?

Los meses del año

enero	julio
febrero	agosto
marzo	septiembre
abril	octubre
mayo	noviembre
junio	diciembre

marzo

L	M	X	J	
4	5	6	7	
11	12	13	14	
18	19	20	21	
25	26	27	28	

abril

L	M	X	J	V	S	D
1	2	3	4	5	6	7
8	9	10	11	12	13	14
15	16	17	18	19	20	21
22	23	24	25	26	27	28
29	30					

Los meses de clase	Los meses de vacaciones	El mes de mi cumpleaños (birthday)

To say the date, use:

- Es el cuatro de junio.
  It's June fourth.

To ask for today's date, use:

- ¿Qué día es hoy?

To ask for a specific date, use:

- ¿Cuándo es el Día Internacional de la Mujer?
- Es el ocho de marzo.

1.19 Answer the following questions by writing out the correct date. Then compare your answers with a partner.

a. ¿Cuándo es el Día de la Independencia de Estados Unidos? *Fourth of July*

b. ¿Cuándo es el Día de San Valentín? *Valentine's Day catorce de febrero*

c. ¿Cuándo es la Navidad (Christmas)? *Christmas veinticinco de diciembre*

d. ¿Cuándo es el último (last) día del año? *New Years Eve treinta y uno de diciembre*

e. ¿Cuándo es el primer (first) día del año? *New Years primero de enero*

3.B COMUNICACIÓN: SHARING OTHER PERSONAL INFORMATION

- ● ¿Cómo te llamas? *What's your name?*
- ● Me llamo Francisca García Mejías. *My name is Francisca García Mejías.*

- ● ¿Cuántos años tienes? *How old are you?*
- ● Tengo veinte años. *I'm twenty years old.*

- ● ¿Cuándo es tu cumpleaños? *When is your birthday?*
- ● Es el once de mayo. *It's May eleventh.*

- ● ¿Cuál es tu número de teléfono? *What is your phone number?*
- ● Es el seis, tres, dos, uno, cinco, dos, cero, seis, ocho. *It's six, three, two, one, five, two, zero, six, eight.*

1.20   Look at the following people. How old do you think they are? Then, with a partner, take turns asking each other to see if you agree.

> Modelo: E1: ¿Cuántos años tiene Marcos?
> E2: Tiene… años.
> E1: Sí, es verdad. / No, creo que tiene… años.

Tomás   Encarna   Maribel   Marcos

1.21 Ask and exchange telephone numbers with three other classmates. *¡Atención!* It is not necessary to give your real number.

¿Cuál es tu número de celular?

Es el dos-dos-tres, cuatro-cuatro-seis, siete-dos-ocho.

1.22 Introduce yourself to three classmates. Greet them and ask each one's name, age, and birthday. Then introduce one of them to the class. The class will ask him/her additional questions.

> Modelo: Este/Esta es…

PRONUNCIACIÓN

THE SOUNDS OF *CH* AND *Ñ*

» The **ch** sequence in Spanish produces a single sound similar to the *ch* sound in English: **Chi**le, **ch**urch.
» The **ñ** exists only in the Spanish alphabet. The sound is similar to the *ny* in ca**ny**on.

1.1 Listen to the sounds of *ch* and *ñ* in the words below. Then listen again and repeat after the speaker.

(19)

a. mu**cha**cho, mu**cha**cha, co**che**, dicio**cho**, escu**cha**r

b. ni**ño**, espa**ñol**, ense**ña**r, ma**ña**na, compa**ñe**ro

1.2 Underline the *ch* and *ñ* in the sentences below. Then take turns with a partner reading the sentences aloud.

El señor escucha música en el coche.

La niña española come chocolate. Es su cumpleaños.

La muchacha chilena dice: "Hasta mañana".

¡EN VIVO!
Episodio 1
Saludos y mochilas

1 2 3

ANTES DEL VIDEO

1.1 In groups of three, look at Images 1 and 3. What is happening in the scenes? What expressions in Spanish would you use in a similar situation?

⚙ ESTRATEGIA

Anticipating content
Knowing what people are talking about or anticipating what they are going to say makes it much easier to understand another language. When listening to spoken Spanish, it always helps to anticipate what the conversation will be about before you listen. Use the images to help you predict the content.

1.2 With a partner, think of the expressions you would use in the following contexts and provide examples for each.

a. para saludar
b. para presentarse
c. para presentar a alguien
d. para responder a la presentación
e. para despedirse

f. para preguntar el número de teléfono
g. para preguntar la nacionalidad
h. para preguntar la edad
i. para preguntar el nombre

1.3 Take another look at the images and write a caption for each one. You can use the expressions you prepared in the previous activity.

Imagen 1: ....
Imagen 2: ....
Imagen 3: ....

Imagen 4: ....
Imagen 5: ....
Imagen 6: ....

DURANTE EL VIDEO

1.4 Watch the following segment and answer the questions.

00:00 - 01:50

a. What do they want to buy?
b. What do they sell in the store?
c. List the items mentioned by the characters.
d. Can you think of any other items you can place in a backpack? List them in Spanish.

4 5 6

1.5 Watch the next segment and indicate the sentences that refer to Lorena (L) and the ones that refer to Eli (E).

`01:50 - 02:51`

a. ☐ Necesita una mochila y ropa.

b. ☐ Es estudiante.

c. ☐ Es venezolana.

d. ☐ Vive con sus padres.

e. ☐ Está aquí por trabajo.

f. ☐ Es colombiana.

g. ☐ Es su primera semana en la ciudad.

h. ☐ Vive aquí desde agosto de 2010.

i. ☐ Es su primer día de trabajo.

1.6 Watch the rest of the episode and fill in the missing words.

Eli: Muchachos, les presento a Lorena, es (a) .... Él es Alfonso y es (b) ....
Alfonso: (c) ...., Lorena.
Lorena: (d) ....
Juanjo: Yo me llamo Juanjo.
Lorena: Encantada. ¿(e) .... eres? Tu (f) .... no es de aquí...
Juanjo: Yo soy (g) .... (h) .... Madrid.
Eli: Lorena es (i) .... en la ciudad. Es

su primera semana aquí. ¿Quieres conocer la (j) ....?
Lorena: ¡Genial! No conozco a nadie aquí.
Juanjo: Pues ya nos conoces a (k) ....
Eli: ¿(l) .... es tu número de teléfono? Te llamo otro día y quedamos.
Lorena: ¡Estupendo! Apunta、
Lorena: (m) ....
....

1.7 Answer the following questions. If necessary, watch the episode again.

a. When are they going to show Lorena the city?

b. Did they buy the backpacks?

1.8 In groups of three, assign each member a role to play (A, B, or C). Then, prepare a conversation in which Students A and B are friends and Student C is new to the university. Include the following words.

número de teléfono • bienvenido/a • encantado/a • compañeros/as
les presento • ustedes • soy • aquí

DESPUÉS
DEL VIDEO

1.9 Present your conversation to the class.

GRAMÁTICA

1. DEFINITE AND INDEFINITE ARTICLES

» In Spanish, there are four definite articles that correspond to the English *the*.

	Masculine	Feminine
Singular	**el** cuaderno *the notebook*	**la** mochila *the backpack*
Plural	**los** cuadernos *the notebooks*	**las** mochilas *the backpacks*

» In both Spanish and English, the definite article is used to identify and talk about specific people, places, or things we know.

La pizarra es negra. The chalkboard is black.
La profesora es de Perú. The teacher is from Peru.
Los estudiantes son peruanos. The students are Peruvian.

» There are four indefinite articles in Spanish that correspond to the English *a*, *an*, and *some*.

	Masculine	Feminine
Singular	**un** cuaderno *a notebook*	**una** mochila *a backpack*
Plural	**unos** cuadernos *some notebooks*	**unas** mochilas *some backpacks*

» The indefinite article is used to talk about nonspecific people, places, or things.

Eduardo es un amigo. Eduardo is a friend.
San Antonio es una ciudad bonita. San Antonio is a pretty city.
Necesito unos marcadores. I need some markers.

» In Spanish, definite and indefinite articles match nouns in number (singular / plural) and gender (masculine / feminine). Most nouns ending in **–o** are masculine and most ending in **–a** are feminine.

1.1 Write the indefinite and definite articles for the following people and things. Then with a partner, take turns saying the plural forms of each.

........../..........teléfono ..../..........profesora ..../..........bolígrafo ..../..........carpeta

........../..........muchacha ..../..........mesa ..../..........estudiante ..../..........diccionario

1.2 Select an image below and memorize what you see. Then, without looking, identify the objects using **un / una / unos / unas**. Your partner will take notes. Afterwards, compare your partner's answers with the actual image. Did you name all the objects? Switch roles and repeat with another image.

 Use **hay** to say *there is* or *there are*:
- **Hay** una mochila y unos lápices.

2. SUBJECT PRONOUNS AND THE VERB *SER*

» Subject pronouns refer to people and often come before the verb to show who is doing the action or is being described. The chart below lists the subject pronouns in Spanish with their meaning in English.

Singular	Plural
yo *I*	nosotros/nosotras *we*
tú *you (informal)*	vosotros/vosotras *you (Spain)*
usted *you (formal)*	ustedes *you*
él *he*	ellos *they (all males or mixed)*
ella *she*	ellas *they (all females)*

» Both **tú** and **usted** are used when speaking directly to someone. Use **tú** when that person is a friend. Use **usted** when speaking to someone in a formal situation or to show respect.

» Use **ustedes** when speaking to a group of people. Your teacher, for example, will address the class as **ustedes**. The English equivalent would be *you all*.

» Use **nosotras** and **ellas** when referring to a group of all females.

» **Vosotros/vosotras** is used in Spain.

¿De dónde son ustedes?

» You have already been using the forms of the verb **ser** to make introductions and say where you and others are from. Here are all the forms of **ser** with the subject pronouns and meaning in English.

SER *(to be)*	
yo **soy** *I am*	nosotros/nosotras **somos** *we are*
tú **eres** *you are*	vosotros/vosotras **sois** *you are (plural, Spain)*
usted **es** *you are (formal)*	ustedes **son** *you are (plural)*
él/ella **es** *he/she is*	ellos/ellas **son** *they are*

» Spanish speakers often omit the subject pronouns when using **yo**, **tú**, **nosotros/as**, and **vosotros/as** since the verb ending already carries that information.

Yo soy de Madrid. *Soy* de Madrid. (The form **soy** can only apply to **yo**.)
Tú eres de Santiago. *Eres* de Santiago. (The form **eres** can only apply to **tú**.)

» **Usted**, **él**, and **ella** use the same form of the verb: **es**.

» **Ustedes**, **ellos**, and **ellas** use the same form: **son**.

Vocabulario adicional:
también *also*
pero *but*

1.3 Complete the sentences with the correct form of *ser* to describe the following people. Then check your answers with a partner.

Esta .... Pamela. No .... estudiante, ... profesora de inglés en México. .... de Estados Unidos. .... muy inteligente.

¡Hola! Nosotros .... amigos. .... estadounidenses pero .... de todas partes. Diego .... de Cuba. Jennifer .... de Chicago. Tomás y Elena .... de México.

 To say that something is not true for you, use **no** before the verb.
- Yo no soy de Bogotá, soy de Nueva York. *I'm not from Bogota, I'm from New York.*

1.4 With a partner, select the question you would use to ask the people above where they are from.
¿De dónde eres? • ¿De dónde es usted? • ¿De dónde son ustedes?

1.5 Write a description about yourself, similar to the one in Activity 1.3, and read it aloud to a partner. *¡Atención!* Be sure to take notes on what your partner says.

Modelo: ¡Hola! Yo soy…

Vocabulario adicional:
interesantes,
inteligentes,
responsables,
independientes,
amigos, estudiantes,
estudiantes de español,
de todas partes, de…

1.6 Take turns telling the class what you have in common with your partner and what is different.

Modelo: E1: Nosotros somos estudiantes.
E2: También somos estudiantes, pero yo soy estudiante de español.

3. PRESENT TENSE OF *LLAMAR(SE)* AND *TENER*

» You have been using the expression **me llamo** to tell someone your name. The expression comes from the verb **llamar(se)**.

LLAMAR(SE) *(to be called)*	
yo **me llamo** *I am called*	nosotros/as **nos llamamos** *we are called*
tú **te llamas** *you are called*	vosotros/as **os llamáis** *you are (plural, Spain) called*
usted **se llama** *you are called (formal)*	ustedes **se llaman** *you are (plural) called*
él/ella **se llama** *he/she is called*	ellos/ellas **se llaman** *they are called*

» The verb **llamar(se)** literally means *to be called* and not *my name is*. Its meaning in English may sound strange to you, but it is absolutely clear to all Spanish speakers.

- ● *¿Cómo **te llamas**? What's your name? / What are you called?*
- ● ***Me llamo** Alberto. My name is Alberto. / I'm called Alberto.*

- ● *¿Cómo **se llama** el profesor? What's the teacher's name? / What is the teacher called?*
- ● ***Se llama** Sr. Estevez. His name is Mr. Estevez. / He's called Mr. Estevez.*

» You have also been using the expression **tengo… años** to tell someone your age. This expression comes from the verb **tener**.

TENER…AÑOS *(to be…years old)*	
yo **tengo… años** *I am… years old*	nosotros/as **tenemos… años** *we are… years old*
tú **tienes… años** *you are… years old*	vosotros/as **tenéis… años** *you are… years old (plural, Spain)*
usted **tiene… años** *you are (for)… years old*	ustedes **tienen… años** *you are… years old (plural)*
él/ella **tiene… años** *he/she is… years old*	ellos/ellas **tienen… años** *they are… years old*

» Without **años**, the verb **tener** by itself means *to have*.

*Yo **tengo** una computadora. I have a computer.*
*Los estudiantes **tienen** mochilas. The students have backpacks.*

1.7 ___ Choose the correct form of the question and answer from the options.

Pregunta *(Question)*	Respuesta *(Answer)*
a. ¿Cómo **te llamas / se llaman**?	▶ **Me llamo / Se llama** Isabel.
b. ¿Cuántos años **tienen / tengo** los estudiantes?	▶ **Tienen / Tengo** quince años.
c. **¿Tienes / Tiene** usted teléfono celular?	▶ Sí, **tengo / tenemos** teléfono celular.
d. ¿Cómo **me llamo / se llama** la bibliotecaria?	▶ **Te llamas / Se llama** Sra. Menéndez.
e. ¿Cuántos años **tengo / tiene** Luis?	▶ **Tiene / Tienes** trece años.
f. ¿Cómo **se llaman / nos llamamos** ustedes?	▶ **Nos llamamos / Se llaman** Ana y Ricardo.

1.8 ___ Prepare some questions to interview a classmate you have not spoken to yet. Ask your classmate his/her name, age, origin/nationality, what he/she does, and what's in his/her backpack. Use the chart to help you prepare your questions in Spanish. After the interview, introduce your classmate to the class using all the information you collected about him/her.

Modelo: Este/Esta es…

Pregunta en español	
name?	....
age?	....
origin?	....
do?	....
backpack?	....

VIDEOCLASES
1 Y 2

DESTREZAS

1. COMPRENSIÓN DE LECTURA

1.1 Fill in the missing information in the chart below.

Masculino	Femenino	País
		República Dominicana
español		Estados Unidos
	japonesa	
colombiano		

1.2 Andrea recently became the President of the Asociación Hispánica at her school. Read the e-mail she sent to her friend Michael telling him about the other officers in the club. Can you guess which one is Andrea in the accompanying photo?

⚙ ESTRATEGIA

Guess meaning from context
When you approach a text in Spanish, it is important to learn to use the context to guess the possible meaning of unfamiliar words. Focus on the ideas and not on the meaning of every word. By focusing on what you understand and the accompanying visual clues, you will often be able to figure out the meaning of new words.

● ● ●	Asunto: Asociación Hispánica
De: Andrea	**Para:** Michael

Hola, Michael:

¿Qué tal? Mira, esta es una foto con unos compañeros de la Asociación Hispánica de mi universidad y la Sra. Pérez. Ella es la consejera *(advisor)* de la asociación y también es profesora de español. Es colombiana y habla perfectamente inglés y español. En el comité ejecutivo somos cuatro estudiantes: Mika, Steve, Óscar y yo. Mika es japonesa. Tiene dieciocho años y es estudiante. Mika habla muy bien español, pero a veces usa palabras en inglés.

Steve tiene diecinueve años y es de Baltimore. Comprende mucho español pero tiene dificultades para hablar. Todos los días habla con sus amigos por teléfono. Tiene un perro, se llama Chato. Tiene muchas fotos de Chato en su celular.

Óscar es estudiante. Es dominicano y tiene dieciocho años. Habla mucho en clase y siempre escucha música en su mp4. Quiere ser médico y trabajar en un hospital.

En las reuniones solo hablamos en español y es un poco difícil comprendernos, pero es muy divertido.

Hasta luego,
Andrea

1.3 Answer the following questions about Andrea's e-mail. Then check your answers with a partner.

a. ¿Quién *(Who)* tiene diecinueve años?

b. ¿Cómo se llama la muchacha japonesa?

c. ¿Qué hace la Sra. Pérez?

d. ¿Cómo se llama el muchacho que tiene dieciocho años?

e. ¿De dónde es Óscar?

f. ¿Cuántos años tiene Mika?

g. ¿Cómo se llama el perro de Steve?

2. EXPRESIÓN ESCRITA

1.4   The following people have just been selected to serve on the executive committee of the Spanish club at your school. Write an e-mail introducing them to the rest of the members of the club. Before you being to write, read the strategy and follow the suggestions provided.

⚙ ESTRATEGIA

Brainstorm ideas about what you are going to write

Make a list of words and structures you already know in Spanish and expect to use to write about the people in the photo. Create a chart, like the one below, to help you organize your ideas and information.

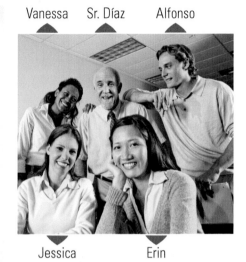

Vanessa   Sr. Díaz   Alfonso

Jessica   Erin

Nombre	Profesión	Nacionalidad	Edad
Vanessa			
el Sr. Díaz			
Alfonso			
Jessica			
Erin			

1.5   Use the information you prepared to write your e-mail.

● ● ●	Asunto: Comité ejecutivo	
De:	Para:	Los miembros de la Asociación Hispánica

¡Hola a todos!
¿Qué tal? Esta es una foto del nuevo comité ejecutivo de la Asociación Hispánica.
El Sr. Díaz es…

Hasta luego,
…

3. INTERACCIÓN ORAL

1.6   Introduce yourself to a group of Spanish professors who are looking for another candidate to add to the executive committee. Include the following information in your presentation.

⚙ ESTRATEGIA

Talk (don't read)

Look at your notes only occasionally. Remember it is more important for you to present your information in a natural and relaxed way than it is to capture word for word what you have prepared.

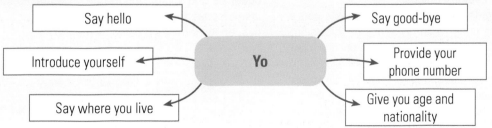

Say hello

Introduce yourself

Say where you live

Yo

Say good-bye

Provide your phone number

Give you age and nationality

HISPANOS en EE. UU.

Inmigrantes hispanos protestan contra la reforma de la ley de inmigración en 2006.

Los primeros hispanos llegaron a Estados Unidos en el año 1513. Ahora representan casi un cuarto* de la población de este país. Son jóvenes, influyentes y grandes consumidores, pero, ¿qué más sabes de ellos?

Ponce de León USA 20c

Sello postal con el retrato de Juan Ponce de León

Jennifer Lopez, latina influyente y defensora de los hispanos en EE. UU.

«La comunidad hispana en EE. UU. es una de las de mayor crecimiento*. En 2025, uno de cada cuatro estadounidenses será hispano», dice Pablo A. Piccato, profesor de Historia en la Universidad de Columbia, Nueva York. «Unos cincuenta y dos millones de hispanos viven ahora en Estados Unidos. Forman una comunidad diversa y joven, con una edad promedio* de veintiocho años. Además, tienen un peso* político importante», afirma Piccato.

¿Crees que la comunidad hispana es diversa? ¿Por qué?

LA INFLUENCIA HISPANA

Actualmente, más de treinta y siete millones de personas hablan español en Estados Unidos.

El español es considerada la segunda lengua en este país y la influencia hispana se observa en las series de televisión, la comida, la música, los deportes, la moda, la política y la cultura popular.

El 78% de la población no hispana afirma que los hispanos tienen una gran influencia en la cultura norteamericana.

Jennifer Lopez, una de las latinas más famosas, declaró en 2013: «Los hispanos nos estamos dando cuenta de nuestro poder, de que somos importantes. De que no somos solo las personas que trabajan detrás de la escena, en las cocinas, en los jardines o como plomeros».

¿Qué dos elementos de la cultura hispana conoces*?

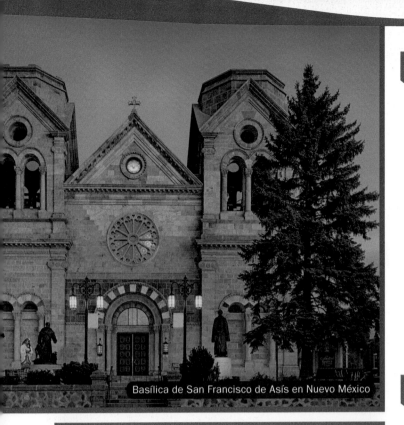

Basílica de San Francisco de Asís en Nuevo México

EL VOTO HISPANO

En la política, los hispanos también tienen gran influencia. Por ejemplo, la jueza de la Corte Suprema, Sonia Sotomayor, hija de padres puertorriqueños, sería una candidata ideal a la presidencia de EE. UU., según la organización VotoLatino, que trabaja para crear conciencia cívica en los jóvenes hispanos. Ellos dicen que Sotomayor «representa las aspiraciones de los inmigrantes y americanos».

En las elecciones presidenciales de 2012 el voto hispano fue decisivo:

· El 10% de los votantes* fue hispano.
· Un 70% eligió a Barack Obama.
· Los votantes vivían en estados influyentes en el recuento* final como California, Texas, Florida y Nuevo México.

¿Conoces algún político de origen hispano?

LOS HISPANOS EN LA HISTORIA

· Después de los nativos americanos, los hispanos son la comunidad más antigua de EE. UU.
· El primer español llegó a la costa este de EE. UU. en 1513. Se llamaba Juan Ponce de León y llamó a esta zona «La Florida».
· Muchos nombres tienen origen español o latino: Florida, Nuevo México, Louisiana, Los Ángeles, Arizona, Nevada. En estas zonas se ve la influencia española en la arquitectura, especialmente en el estilo de las casas y las iglesias católicas.
· El español se hablaba en EE. UU. antes que el inglés.
· El español y el inglés han coexistido durante más de cuatrocientos años.

¿Qué otros lugares con nombre español conoces?

LOS HISPANOS, GRANDES CONSUMIDORES

En una reciente estadística de la empresa IBISworld, los hispanos aparecieron como grandes consumidores. Esto es un incentivo para los comerciantes, que han incorporado elementos de la cultura latinoamericana para atraer clientes. Por ejemplo, algunos centros comerciales como el Fiesta Mall (Mesa, Arizona) o la capilla* de Saint Francis, en el centro comercial Prudential Center (Boston, Massachusetts), ofrecen misas el doce de diciembre. Este es un día especial para la comunidad mexicana, ya que se celebra el día de la Virgen de Guadalupe, protectora del país y muy querida por la gente.

La Virgen de Guadalupe

Y tú, ¿consumes algún producto de carácter hispano?

DO A QUICK INTERNET SEARCH FOR THE FOLLOWING INFORMATION

a ¿Cuál es el porcentaje de población hispana en tu estado?

b ¿Cuál es el número de hispanos en tu universidad?

c ¿Qué cinco personas de origen hispano tienen influencia en tu país? ¿Por qué?

VOCES ATINAS

Hispanos influyentes en EE.UU.

GLOSARIO			
la capilla – chapel	**el cuarto** – quarter, fourth	**el recuento** – election returns	
conoces – you know	**el peso** – weight	**el votante** – voter	
el crecimiento – growth	**el promedio** – average		

Fuentes: The Hispanic Council, Pew Research, Conill, Instituto Cervantes, BBC Worldwide, Census Bureau, PBS.

EN RESUMEN

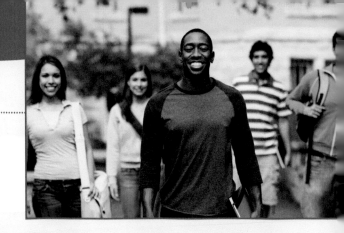

Situación

En el centro de estudiantes internacionales
You have volunteered to take a group of international students on a campus tour during orientation week.

LEARNING OUTCOMES	ACTION

Give your age and say where you are from

1.1 _____ Introduce yourself to the group and tell them a little about yourself. Complete the following to use as a guide.

Greeting: ....   Age: ....   Other information: ....

Name: ....   Origin/nationality: ....

Say hello, good-bye, and make introductions

1.2 _____ During your campus tour you come across Sr. Molina, your Spanish professor. Greet him appropriately. Then introduce each of the students in your group and say where they are from. Your partner will act as Sr. Molina. Switch roles.

Cuba	Estados Unidos	España	Francia	México
Raúl	Dan y Eve	Belén	Gaby y Marie	Arturo y Gus ....

Ask others about themselves

1.3 _____ As you walk through campus, you take time to talk to your group and ask them questions about themselves. Prepare five questions you could ask them. Take turns asking and answering the questions with a partner.

Identify some common professions

1.4 _____ Part of the tour includes visiting different buildings on campus. Say who the following people are or the profession students are studying for.

Él	Ella	Ella estudia para ser.........	Ella practica para ser	Él estudia para ser ....

Express dates and phone numbers

1.5 _____ At the end of your tour, tell students the date for the first day of class _(el primer día de clase)_, exchange phone numbers, and say good-bye. Take turns with a partner.

LISTA DE VOCABULARIO

Saludos Greetings

Buenos días. Good morning.
Buenas tardes. Good afternoon.
Buenas noches. Good evening / night.
¿Qué tal? What's up?
¿Qué tal estás? How are you doing?

Presentaciones Introductions

Mire, le presento a (al)… Look, I'd like to
introduce you to…
Mira, este / esta es… Hey, this is…
Mira, estos / estas son… Hey, these are…
Encantado/a. Delighted.
Mucho gusto. Pleased to meet you.
¿Cómo está? How do you do? (formal)

Despedidas Saying good-bye

Adiós. Good-bye.
Hasta luego. See you later.
Hasta pronto. See you soon.

Pedir información Asking questions

¿Cómo te llamas? What's your name?
¿Cuántos años tienes? How old are you?
¿De dónde eres? Where are you from?
¿Dónde vives? Where do you live?
¿Qué haces? What do you do?

Profesiones Professions

actor / actriz actor / actress
cantante singer
escritor/a writer
futbolista soccer player
ingeniero/a engineer
médico/a doctor
profesor/a teacher
tenista tennis player

Nacionalidades Nationalities

chileno/a Chilean
chino/a Chinese
coreano/a Korean
cubano/a Cuban
dominicano/a Dominican
ecuatoriano/a Ecuadorian
español/a Spanish
francés / francesa French
indio/a Indian
inglés / inglesa British
italiano/a Italian
japonés / japonesa Japanese
mexicano/a Mexican
peruano/a Peruvian
puertorriqueño/a Puerto Rican

Artículos Articles

el / la the (for singular nouns)
los / las the (for plural nouns)
un / una a, an
unos / unas some, a few

Pronombres de sujeto
Subject pronouns

yo I
tú you (informal)
usted you (formal)
él he
ella she
nosotros/as we
vosotros/as you (plural, informal, Spain)
ustedes you, you all (plural)
ellos they (males or mixed)
ellas they (females)

Verbos Verbs

llamar(se) to be called
ser to be
tener to have
tener… años to be… years old

Palabras y expresiones útiles
Useful words and expressions

amigo/a friend
¿Cuándo es tu cumpleaños? When is your
birthday?
pero but
perro dog
¿Qué día es hoy? What's today's date?
¿Quién? Who?
Señor (Sr.) Mr.
Señora (Sra.) Mrs.
Señorita (Srta.) Miss./Ms.
también also

2

EN CASA

Hablamos de…	Vocabulario y comunicación	¡En vivo!	Gramática	Destrezas	Sabor latino	En resumen
• Una ciudad española	• **La casa y los colores:** Talking about preferences • **Los muebles y los números del 32 al 101:** Expressing opinions **Pronunciación** • The sounds of **h**, **ll** and **y**	• **Episodio 2 Unos muebles ho-rri-bles:** Focusing on intonation	• Gender, number, and agreement of nouns and adjectives • Present tense of regular -*ar* verbs • Verb *estar*	• **¿Pueblo o ciudad?** – **Comprensión de lectura:** Guessing meaning from context – **Expresión escrita:** Using models – **Interacción oral:** Visualizing your topic	• **Ser joven en España**	• **Situación:** Encuentra el apartamento ideal • Vocabulario

El muchacho se llama Pablo. Vive en una casa grande.

- ¿Cuántas personas hay en total?
- ¿Están en casa o en clase?
- ¿Cuántos años tienen las muchachas?
- Y tú, ¿estás en casa o en clase?

LEARNING OUTCOMES

By the end of this unit, you will be able to:

- Express opinions and preferences
- Describe people, places, and things
- Talk about your home
- Talk about activities
- Say where you and others are

HABLAMOS DE... Una ciudad española

2.1 Look at the image of Isabel and her friends in Barcelona. Then choose the correct answer to complete the sentences based on what you see or can infer from the image.

1. ¿Quién es Isabel?
a. Una cantante.
b. Una profesora.
c. Una turista.

2. ¿Qué tiene Isabel en las manos?
a. Un mapa.
b. Una tableta.
c. Una cámara.

3. ¿En qué país están los amigos?
a. Argentina.
b. España.
c. Estados Unidos.

4. ¿Qué aparece en la foto?
a. Un monumento.
b. Un hospital.
c. Una escuela.

2.2 Read more about Isabel. Find out the name of the structure in the photo and who designed it.

Hola, me llamo Isabel. Tengo veinticuatro años y soy de Valencia, una ciudad *(city)* que está en la costa este de España.
Estoy en Barcelona, mi ciudad favorita. Tengo muchas fotos de la ciudad. Esta es de la Sagrada Familia, un monumento del arquitecto Gaudí, muy famoso en España. También tengo fotos del Parque Güell, otra de sus obras *(works)* más originales.

a. ¿Cómo se llama el edificio *(building)*?
b. ¿Quién es el arquitecto?
c. ¿Qué otra obra es del mismo *(same)* arquitecto?

APUNTES: Las ciudades españolas

✓ Madrid, la capital de España, es la ciudad más grande, seguida por Barcelona y Valencia.
✓ El 78 % de la gente española vive en ciudades. El 22 % vive en zonas rurales.
✓ Antoni Gaudí (1852-1926) y Rafael Moneo (1937) son dos de los arquitectos más famosos de España. Entre las obras de Moneo está la nueva ampliación del Museo del Prado en Madrid (2007) y la Catedral de Nuestra Señora de los Ángeles en Los Ángeles (2002).

2.3 Listen to the conversation between Isabel and her friend Martín after her trip. Then decide whether the statements are true (T) or false (F) based on the conversation.

chicos = muchachos

Martín: Hola, Isabel, ¿qué tal el viaje? ¿Tienes las fotos de Barcelona?
Isabel: Sí, mira, aquí están.
Martín: En esta foto estás en la Sagrada Familia, ¿verdad?
Isabel: Sí, es un lugar *(place)* muy bonito y conocido.
Martín: Para mí, esta foto es bellísima. ¿Dónde es?
Isabel: Es en el Parque Güell, otro lugar importante de la ciudad.
Martín: ¿Y cuál es tu foto favorita?
Isabel: Esta. Estoy con dos amigas en la Casa Milà, otro edificio conocido de Gaudí.
Martín: ¿Quiénes son estos chicos?
Isabel: Se llaman Karen y Mateo, son mexicanos, pero viven en Barcelona.
Martín: Para ti, ¿cómo es la gente *(people)* en Barcelona?
Isabel: Es muy simpática y amable.
Martín: Para mí, también.
Isabel: Mira, aquí tienes más fotos.

Parque Güell

	T	F
a. Isabel solo tiene tres fotos de Barcelona.	☐	☐
b. En una foto, Isabel está en la Casa Milà.	☐	☐
c. Para Martín, la Sagrada Familia es un lugar muy bonito.	☐	☐
d. Karen es una amiga mexicana.	☐	☐
e. Para Martín, la gente de Barcelona no es simpática.	☐	☐

Casa Milà

2.4 Here are some more of Isabel's photos of Barcelona. Choose the one you like best. With a partner, use the information in the photo and the *Modelo* to talk about your preference. Then switch roles.

> **Modelo:** E1: Mira estas fotos de Barcelona.
> E2: ¡Qué bonitas! ¿Cuál es tu favorita?
> E1: Para mí, es esta de…
> E2: ¿Qué es?
> E1: Es…

Camp Nou, estadio de fútbol del equipo F. C. Barcelona

La Rambla, calle peatonal con tiendas   Monumento a Cristóbal Colón

1.A VOCABULARIO: LA CASA Y LOS COLORES

marrón = color café, castaño
naranja = anaranjado
rojo = colorado

Vocabulario adicional

rosado
morado

Colors in Spanish agree in number and gender with the noun.
- La mes**a** es amarill**a**.
- Los cuadern**os** son amarill**os**.

2.1 Complete the sentences using the words you know for the items in the images. Then listen to the audio to check your answers.

La .... es verde.   El .... es anaranjado.   La .... es azul.   La .... es marrón.

La .... es gris.   El .... es negro.   El .... de español es rojo y amarillo.   El .... es blanco.

2.2 Nieves is on her way home to her new apartment in Madrid after buying some new things for it. With a partner, take turns describing the colors of the items in the image.

el edificio

la bolsa pequeña

el vestido

la calle

el paso de peatones

el cielo

el sombrero

los árboles

la bolsa grande

las sandalias

2.3 Nieves sent some photos of the apartment she just decorated to the magazine *Mi Casa*. Identify the rooms of her apartment according to the descriptions she provides.

MI APARTAMENTO NO ES MUY GRANDE PERO ES MUY BONITO

1. Esta es la cocina. Es mi cuarto favorito porque aquí preparo comida para los amigos.
2. Este es el salón. Es pequeño pero hay espacio para un sofá, dos sillas y una mesa.
3. Este es el dormitorio. Aquí estudio y uso la computadora.
4. Este es el cuarto de baño. No es muy moderno pero es perfecto para mí.

2.4 Nieves uses a lot of color in her decorating style. Take turns asking each other about the color of each room in her apartment.

a. ¿De qué color es la cocina?
b. ¿De qué color es el dormitorio?
c. ¿De qué color es el cuarto de baño?
d. ¿De qué color es el salón?

2.5 Listen to another student talk about her favorite rooms and colors. Then match the room to the correct color.

1. el salón   a. verde
2. la clase   b. amarillo
3. la cocina   c. blanco
4. el dormitorio   d. anaranjada

2.6 Read the following ads for two different style homes on the market. Then with a partner, complete each card below with information from the ad. Include the piece of information you and your partner would consider to be an advantage *(ventaja)* and a disadvantage *(desventaja)*.

Piso céntrico en Madrid

Se vende un piso con tres habitaciones, una cocina completamente equipada y dos baños. El salón tiene balcón. Situado en el centro de la ciudad. Necesita reforma.

Teléfono de contacto: 91 590 34 16.

Casa en venta zona norte de Buenos Aires

Casa en venta tipo chalé en las afueras de la ciudad. Está en la zona norte de Buenos Aires, a treinta kilómetros del centro. La casa tiene tres dormitorios, cocina americana, living, comedor, baño, cochera para dos carros, jardín y parrilla.

- Tipo de vivienda: ....
- Habitaciones: ....
- Localización: ....
- Ventaja: ....
- Desventaja: ....

- Tipo de vivienda: ....
- Habitaciones: ....
- Localización: ....
- Ventaja: ....
- Desventaja: ....

2.7 Compare your answers with two other student pairs. Do you agree on the advantages and disadvantages?

1.B COMUNICACION: TALKING ABOUT PREFERENCES

Para preguntar	Para responder
¿Cuál es tu deporte favorito?	(Mi deporte favorito es) el tenis.
¿Cuál es tu animal favorito?	(Mi animal favorito es) el gato.
¿Cuál es tu comida (food) favorita?	(Mi comida favorita es) la pasta.
¿Cuál es tu asignatura favorita?	(Mi asignatura favorita es) Historia.

¿Cuál es tu animal favorito? ¿El perro o el gato?

2.8 With a partner, take turns asking and talking about the rooms in your house. Ask about colors and his/her preferences.

¿Cuál es tu habitación favorita en casa?

Para mí, es la cocina.

¿De qué color es?

Es blanca.

2.9 In groups of four, take turns asking your classmates about their favorite things. Choose a classmate from the group to record the results. Use the vocabulary from the chart below for more options.

Modelo: ¿Cuál es tu... favorito/a?

Encuesta sobre gustos:

asignatura • deporte • mascota (pet) • comida • ciudad

Here are some of the subjects you study in school and sports you play. Can you guess what they are?		Which foods are your favorite?

Asignaturas		Deportes (sports)	Comida
Arte	Historia	el baloncesto / el básquetbol	el pescado fish
Biología	Literatura	el béisbol	la carne meat
Ciencias	Informática / Computación	el fútbol	el pollo chicken
Economía	Matemáticas	el fútbol americano	la fruta fruit
Español	Música	el golf	la verdura vegetables
Física		el tenis	el pan bread
		el vóleibol	

2.10 Share the results from your group with the class.

Modelo: Para mi grupo, la asignatura favorita es...

la bañera = la tina

2.11 Look at the list of words for furniture in Spanish and then with a partner, match the words to the appropriate image. Try to make your best guesses at unfamiliar words. Then listen to the audio to check your answers and fill in the ones you missed.

el armario • la estufa • la cama • el horno • la bañera • el lavabo • la ducha
la mesa • el espejo y la cómoda • la mesilla • la estantería • el sofá

la cama

la mesilla

el armario

la estufa

la ducha

el horno

el lavabo

la mesa

la bañera

el sofá

El espejo y cómoda

la estantería

2.12 Write the names of the furniture and household items in the appropriate column below. Then check your answers with a partner.

Grouping related words into categories makes it easier to learn vocabulary.

Modelo: E1: ¿Dónde pones (put) la estufa?
E2: En la cocina.

La cocina	El dormitorio	El cuarto de baño	El salón

2.13 Describe your room and the furniture in it to your partner. Include the color and size of the items. Your partner will try to recreate it on a separate piece of paper. If you don't have colored pencils, write the color of the item instead.

Modelo: Tengo un dormitorio muy bonito.
Tengo una cama azul.
Tengo dos mesillas y una silla anaranjada.
Tengo un armario marrón muy grande.

2.14 Follow along as you listen to the audio for the numbers below. Then write three new numbers (not listed) on separate pieces of paper. Hold up each one for your partner to say in Spanish.

32	treinta y dos	76	setenta y seis
40	cuarenta	80	ochenta
43	cuarenta y tres	87	ochenta y siete
50	cincuenta	90	noventa
54	cincuenta y cuatro	98	noventa y ocho
60	sesenta	99	noventa y nueve
65	sesenta y cinco	100	cien
70	setenta	101	ciento uno

Use **y** after the number treinta:
- Veintinueve, treinta, treinta y uno…

Use **cien** for one hundred (100) and **ciento** for numbers higher than one hundred:
- Cien, ciento uno, ciento dos…

2.15 Write the words for the numbers you hear. Then check your answers with a partner.

a. .... c. .... e. ....

b. .... d. .... f. ....

2.16 Take turns with a partner asking and giving prices for the furniture and items at the yard sale below.

Estudiante 1:

1. la cómoda azul
2. la silla blanca
3. el espejo pequeño

Estudiante 2:

1. la silla anaranjada
2. la mesilla blanca
3. la cómoda amarilla

To talk about prices, use:

● ¿Cuánto cuesta la mochila? *How much is the backpack?*

○ Cuesta treinta dólares. *It costs thirty dollars.*

2.17 You are looking for some inexpensive furniture for your room. With a budget of $100 to spend, ask your partner how much two items would cost at the yard sale. Negotiate to get the price you want.

Modelo: E1: ¿Cuánto cuestan la silla blanca y la cómoda azul?

E2: Cuestan ciento cuarenta y tres dólares.

E1: Solo tengo cien dólares.

E2: Lo siento. *(Sorry.)* / Está bien. Trato hecho. *(It's a deal.)*

Para mí, *For me,*		
Para ti, *For you,*		
Para usted, *For you (formal),*		fantástico. *fantastic.*
Para él/ella, *For him/her,*		genial. *great.*
Para nosotros/as, *For us,*	el español es	fácil. *easy.*
Para vosotros/as, *For you (pl., Spain),*	*Spanish is*	divertido. *fun.*
Para ustedes, *For you (all),*		interesante. *interesting.*
Para ellos/ellas, *For them,*		importante. *important.*
		aburrido. *boring.*
		difícil. *difficult.*

En mi opinión, *In my opinion,*
Pienso / Creo / Opino que… *I think / I believe / My opinion is that…*

>> **Showing agreement and disagreement with someone's opinion:**

?	**✓**	**✗**
¿Y para ti?	Para mí, también. *For me too.*	Para mí, no. *Not for me.*
¿Verdad?	Sí, es verdad. *Yes, that's true.*	No, no es verdad. *No, that's not true.*
¿Qué crees?	Creo que sí. *I believe so.*	Creo que no. *I don't believe so.*

2.18 Complete the conversations according to the cues in parenthesis. Then listen to the audio to check your answers.

a. **Mateo:** Para mí, España es un país muy bonito. ¿Y para ti?
   Belén: … *(Show agreement)*
   Sí es verdad

b. **Jesús:** Para mí, el fútbol americano es fantástico. ¿Y para ustedes?
   María y Daniel: … *(Show disagreement)*
   Para nosotros, Creo que no

c. **Pedro:** Para ti, el español es un idioma muy fácil, ¿verdad?
   Jorge: … *(Show agreement)*
   Para mí también.

2.19 Listen to María and Juan as they are interviewed about their preferences. Decide if they agree or disagree about the following. Check your answers with a partner. Then tell him/her if you agree or disagree with the statements.

	✓	✗
a. La gente de Estados Unidos es abierta.	☐	☑
b. El fútbol es un deporte divertido.	☑	☐
c. El inglés es una lengua difícil.	☑	☐
d. Una ciudad pequeña es aburrida.	⊗	☑
e. Es interesante leer *(to read)* todos los días.	☐	☑

2.20 With a partner, take turns asking about and selecting the best room for each of the following objects. Then come up with two more objects to ask the class.

Modelo: E1: ¿Qué habitación es mejor para poner…

E2: Yo creo que la mejor habitación es…

E1: No, para mí es…

…un microondas?

…un televisor?

…una foto de tu familia?

…una silla mecedora?

…un espejo pequeño?

…un televisor pequeño?

2.21 In groups of three or four, take turns expressing your preferences and asking your partner for his/her opinion about the following topics: *el fútbol, la comida china, la música rap, la clase de Ciencias.*

Modelo: E1: Para mí / Creo que / En mi opinión, el fútbol es un deporte muy divertido.

E2: ¿Sí? Pues para mí, no. Mi deporte favorito es el béisbol.

PRONUNCIACIÓN

THE SOUNDS OF *H, LL* AND *Y*

2.1 Read about the sounds these letters make. Then with a partner, practice reading aloud the sentences next to the explanations.

Letter	Sounds like:	Examples
h	The letter **h** in Spanish is silent.	– **H**ablo inglés. – **H**ola, amigos. – A**h**ora son las tres de la tarde. – La enfermera está en el **h**ospital.
ll	When used together **ll** makes the sound of the **y** in **yet**.	– ¿Cómo te **ll**amas? – Esta es la **ll**ave (key) de mi casa. – Tengo una mesi**ll**a amarilla. – Vivo en la ca**ll**e Vi**ll**anueva.
y	The letter **y** in Spanish is similar to the sound of **ll** or the English **y** in **yet**. When it stands alone to mean **and** or when it comes at the end of a word, **y** is pronounced like **ee** in the English **see**.	– **Y**olanda tiene treinta **y** dos años. – Hoy es el treinta **y** uno de mayo. – Maya **y y**o somos amigos. – Esto**y** bien, ¿**y** tú?

Unos muebles ho-rri-bles

ANTES DEL VIDEO

2.1 Take turns with a partner describing the items you see in your classroom. Do you know the words for all the objects you see? List the items you can identify in Spanish and the items you don't know how to say.

Palabras que conozco *(I know)*: ....

Palabras que no conozco: ....

2.2 Look at the images and write what you think happens in the episode based on what you see. Work with a partner and make your best guesses.

....

....

....

2.3 In Image 1, Juanjo is measuring furniture to make sure it fits in the room. Watch the segment and write the expression he uses as he measures the table.

00:50 - 01:21

....

⚙ ESTRATEGIA

Focusing on intonation

Listening to the intonation people use when speaking helps you understand the type of message being conveyed. Listen for the rise and fall of their voices to help you recognize questions, surprise, or whether they are making a positive or negative comment. Observing the gestures people use helps to complete the message and overall comprehension.

DURANTE EL VIDEO

2.4 Before watching the next segment, look at Image 2 and identify the words from the list that appear in the image.

☐ mesa   ☐ habitación   ☐ armario
☐ silla   ☐ cama   ☐ libro
☐ muebles   ☐ puerta   ☐ mesilla
☐ lámpara   ☐ televisión   ☐ espejo
☐ estantería   ☐ alfombra   ☐ sofá

2.5 Now watch the segment and identify all the words from the previous activity you hear mentioned.

`00:00 - 02:16`

2.6 Write the three expressions Juanjo and Alfonso use to express their opinions about the furniture.

`01:50 - 02:32`

Expresar opinión:

1. .... **2.** .... **3.** ....

2.7 Listen for the ways Alfonso asks Eli for her opinion. What does he say?

`04:22 - 05:08`

Pedir opinión:

1. .... **2.** ....

2.8 With a partner, take turns measuring the following items in your classroom (plus one of your own choosing) and taking down the information. If you don't have a ruler, make up your own units of measure!

mesa • silla • puerta • libro • otro: ....

2.9 In the episode, the three characters used the following adjectives to describe the furniture. Use these adjectives and write your own sentence to describe objects or people in your class. Pay attention to the correct forms for number and gender.

`01:30 - 04:15`

a. blanca .... **g.** antiguo ....

b. verde .... **h.** baratos ....

c. azul .... **i.** de segunda mano ....

d. feos .... **j.** horribles ....

e. elegantes .... **k.** grande ....

f. modernos .... **l.** pequeña ....

DESPUÉS DEL VIDEO

2.10 How would you describe Juanjo and Alfonso's furniture? Write what you think about it and then share your opinion with a partner. Do you have similar descriptions?

GRAMÁTICA

1. GENDER, NUMBER, AND AGREEMENT OF NOUNS AND ADJECTIVES

Exceptions:
el problema, **el** día,
el mapa, **el** diploma,
la mano, **la** radio…

NOUNS

» In Spanish, words that name a person, place or thing (nouns) are grouped into two genders: masculine and feminine. All nouns (both persons and objects) fall into one of these groups. Most nouns that end in **–o** are masculine, and most nouns that end in **–a** are feminine.

> **el** bolígraf**o** (masc.) the pen
> **la** cámar**a** (fem.) the camera

Tiene un diploma en la mano.

ADJECTIVES

» Adjectives are words that describe nouns. The adjective must agree in gender (masculine or feminine) and number (singular or plural) with the noun it modifies. Look at the chart below to see how adjectives change to show agreement with feminine nouns.

	Masculine	Feminine
Adjectives that end in **–o**, change to **–a**	bonit**o**	bonit**a**
Adjectives that end in **–e**, no change	grand**e**	grand**e**
Adjectives that end in a consonant, no change	azu**l**	azu**l**
Nationalities that end in a consonant, add **–a**	españo**l**	españo**la**

PLURALS OF NOUNS AND ADJECTIVES

» Look at the chart below to see how plurals are formed for both nouns and adjectives.

	Nouns	Adjectives
Words that end in a vowel, add **–s**	mes**a** / mes**as**	grand**e** / grand**es**
Words that end in a consonant, add **–es**[1]	acto**r** / acto**res**	azu**l** / azu**les**

[1] Words that end in a **–z**, change **–z** to **–ces**: láp**iz** / láp**ices**.

AGREEMENT

» In Spanish, articles and adjectives must agree in number and gender with the nouns they modify.

Masculine	Feminine
el carr**o** nuev**o** y azul	la sill**a** nuev**a** y azul
los carr**os** nuev**os** y azul**es**	las sill**as** nuev**as** y azul**es**

2.1 Write the feminine forms of the following adjectives. Then with a partner, take turns describing the images. Use the adjectives from the list and others that you know.

Modelo: aburrido ▶ aburrida
La clase es aburrida.

a. horrible ▶ ....
d. verde ▶ ....
f. grande ▶ ....

b. divertido ▶ ....
e. guapo ▶ ....
g. difícil ▶ ....

c. pequeño ▶ ....

la clase

la ducha

el sofá

la comida

la habitación / la cama

la mujer

el perro / la silla

2.2 Complete the sentences according to the information in parenthesis and your own preferences. ¡Atención! Make sure to show agreement with the adjectives provided. Then take turns sharing your opinions with a partner. Report back to the class the answers you have in common.

Expressing opinions:
Para mí / Para nosotros,
En mi opinión...
Creo que...

Modelo: (actor) Ryan Gosling es guapo.

a. (actriz) .... es guapa. → Marsai Martin es guapa
b. (animal) .... son pequeños. — Los perros son pequeños.
c. (color de carro) .... son bonitos. → Carros negros son bonitos
d. (nombre de un deporte) .... es divertido. → El fútból es divertido
e. (clase) .... no es interesante. → Matemáticas no es interesante
f. (nacionalidad) La comida .... es mi favorita. L
g. (cantante) .... es mi cantante favorita. SZA

2. PRESENT TENSE OF REGULAR –*AR* VERBS

» Spanish has three groups of verbs which are characterized by the ending of the infinitive. The largest group of Spanish infinitives end in –**ar**. You will learn about the other two groups in Unidad 3. First look at the following infinitives in Spanish and their meaning in English.

Spanish Infinitive	English Infinitive	Spanish Infinitive	English Infinitive
bailar	*to dance*	estudiar	*to study*
caminar	*to walk*	hablar	*to speak*
cantar	*to sing*	mandar	*to send*
comprar	*to buy*	pasear	*to go for a walk*
descansar	*to rest*	trabajar	*to work*
escuchar	*to listen to*	viajar	*to travel*

» In Spanish, we use a formula to conjugate verbs, that is, to show who is doing the action. To form the present tense of verbs ending in –**ar**, drop the –**ar** ending from the infinitive, and add the appropriate ending as shown in the chart below.

Subject pronoums	Hablar	Endings for -ar verbs		
yo	habl	**–o**	habl**o**	*I speak*
tú	habl	**–as**	habl**as**	*you speak (informal)*
usted / él / ella	habl	**–a**	habl**a**	*you speak (formal) / he speaks / she speaks*
nosotros/as	habl	**–amos**	habl**amos**	*we speak*
vosotros/as	habl	**–áis**	habl**áis**	*you (plural, Spain) speak*
ustedes	habl	**–an**	habl**an**	*you (plural) speak*
ellos / ellas	habl	**–an**	habl**an**	*they speak*

2.3 Listen to the verb forms and choose the correct subject pronoun for each verb.

(28) Modelo: You hear: cantamos   You write: nosotros

a. ....   c. ....   e. ....   g. ....

b. ....   d. ....   f. ....   h. ....

2.4 Read the following text about Juana and underline all the –*ar* verbs. Then identify the infinitive form for each of the -*ar* verbs. Check your answers with a partner.

Esta muchacha se llama Juana, no es de aquí. Es española y estudia francés. Habla inglés muy bien. Toca la guitarra en un grupo y canta. También escucha todo tipo de música en su mp4. Su mejor amigo se llama Mario. Estudia en Madrid, pero viaja mucho. Ahora está en Ecuador. Ellos siempre pasean por el parque del Retiro los fines de semana y visitan otras ciudades.

2.5 Complete the following sentences to describe what you and others do using the correct form of the verb and one of the options in parenthesis (or use one of your own). Then share your answers with a partner. What do you have in common?

a. En casa, yo (hablar) hablo (mucho / español / inglés /…).

b. Yo (escuchar) escucho música en (mi mp4 / mi computadora / mi teléfono celular /…).

c. Mi amigo (llamarse) se llama (Bart / Paco / Jack /…).

d. Él (estudiar) estudia (Matemáticas / Español / Biología /…).

e. Mi amigo y yo (pasear) paseamos por (el parque / la ciudad / la calle /…).

f. Yo normalmente (preparar) preparo la comida (para mi amigo / para mi perro / para mí /…).

2.6

Answer the following questions about yourself. Then interview your classmates to find at least two others with the same answers as you. Call out *¡Alto el fuego!* when your chart is complete. Report back to the class to confirm your answers.

	Yo	Compañero/a 1	Compañero/a 2

a. ¿Estudias más en casa o en la biblioteca?

b. Generalmente, ¿qué día estudias más?

c. ¿Cantas en la ducha, en el carro, en el espejo o no cantas?

d. ¿Hablas más por teléfono o mandas mensajes de texto?

e. ¿Compras los libros de clase por Internet o en la librería?

> Use **más** after the verb to say you do something *more.*

3. THE VERB *ESTAR*

» The verb **estar** also ends in –**ar**, but it is considered irregular because it does not follow the same formula as regular –**ar** verbs. Look at the forms below.

ESTAR			
yo	**estoy**	nosotros/as	**estamos**
tú	**estás**	vosotros/as	**estáis**
usted/él/ella	**está**	ustedes/ellos/ellas	**están**

» The verb **estar** is used to express where someone or something is located.
Yo **estoy en** clase. *I'm in class.*   Juan **está en** Barcelona. *Juan is in Barcelona.*

» It is also used to express how you and others are feeling.
¿Cómo estás? How are you?   *Estoy bien. I'm fine.*   *Estoy contento. I'm happy.*

» Here are some adjectives that describe how someone is feeling.
     bien *well*   contento/a *happy*   enfermo/a *sick*   triste *sad*
*Hoy estoy muy **contento** porque empiezan las vacaciones. I'm very happy today because it's the start of vacation.*
*Maria está **enferma**. Tiene gripe. Maria is sick. She has the flu.*

2.7 Match the people to the correct form of the verb *estar* to complete the sentences.

1. Alberto   **a.** estás contenta.
2. Me llamo Dani y   **b.** están en España.
3. Los estudiantes   **c.** están tristes.
4. Luisa y tú   **d.** estoy en Internet.
5. Tú   **e.** está en la biblioteca.

2.8

With a partner, take turns asking each other where the people in the photos are and how they are feeling. Use *Dónde está(n)* and *Cómo está(n)* in your questions. *¡Atención!* Be sure to use the correct form of the adjective when describing these people.

VIDEOCLASES
3 y **4**

DESTREZAS

1. COMPRENSIÓN DE LECTURA

2.1 You are going to read about different types of rural and urban housing in Spain and Latin America. Match the names of the types of housing for each region with the correct image. Read the strategy below to improve reading and comprehension skills.

⚙ **ESTRATEGIA**

Guessing meaning from context
Use the context and accompanying visual clues to guess possible meanings of unfamiliar words. By focusing on what you understand you will often be able to figure out the meanings of new words in Spanish.

1. Los españoles viven en estos lugares *(places)*:
a. un chalé
b. casas adosadas
c. un estudio

2. Estos son algunos tipos de vivienda rural y urbana en Latinoamérica:
a. una hacienda
b. palafitos
c. condominios

2.2 Read more about these styles of homes and where they are typically located. As you read, underline the words and expressions used to describe the homes.

¿Pueblo o ciudad?

En España, mucha gente en las ciudades vive en pisos. En el centro, los pisos generalmente son antiguos. La gente joven prefiere vivir en el centro porque hay mucha vida nocturna. Normalmente viven en apartamentos o estudios. Para las familias es mejor vivir más lejos del centro, porque tienen más espacio y los pisos son más grandes.

Las ciudades tienen barrios *(neighborhoods)* en los que hay supermercados, parques, iglesias, un centro de salud *(health)*, tiendas y una vida muy animada. También tienen muchos medios de transporte como metro, autobuses y trenes.

En los pueblos españoles la gente vive en casas más grandes, chalés o adosados. Tienen tres o cuatro dormitorios, salón, comedor, cocina y patio. Pero los pueblos no tienen tantos servicios como las ciudades: medios de transporte, escuelas, centros de salud, etc.

Igual que en España, en Latinoamérica hay pisos o condominios en las ciudades, pero también hay casas muy originales. En Chile, Argentina, Venezuela, Panamá, Perú y Colombia hay palafitos al borde de los lagos *(lakes)*, las lagunas y los ríos tranquilos. Los palafitos son casas con pilares situados sobre el agua.

Otro tipo de casa es la hacienda, que es una vivienda y un lugar de trabajo. Es una gran extensión de terreno en el campo, que tiene una casa de estilo colonial con patio central y forma de "L" o "U", con jardines, establos y las casas de los trabajadores.

Y tú, ¿dónde vives?

2.3 Match the people to what they say about their homes. Then choose the type of housing each one lives in.

chalé • estudio • palafito • hacienda • piso o condominio

a	b	c	d	e
Mi apartamento está en el centro y es pequeño. Tengo todo en una habitación.	Descanso en mi jardín y no escucho ruido *(noise)* de la calle. Tengo mucho espacio y ¡mucha tranquilidad!	Tengo caballos en Argentina. Trabajo con ellos todo el día y a veces toda la noche también.	Mi casa de Colombia está en una de las lagunas del río Magdalena. Es una casa antigua pero muy original.	Mi familia y yo paseamos por las calles y compramos en las tiendas del barrio.

2. EXPRESIÓN ESCRITA

2.4 Choose one of the homes from activity 2.1 and create an ad for it. Include its location, number of bedrooms and bathrooms, a description of the rooms and other pertinent information that will appeal to home buyers.

⚙ ESTRATEGIA

Using models

Using models can guide you through the writing process. The information and expressions from **¿Pueblo o ciudad?** can serve as a model when you write your own description. Then think about what other information would be important to include in the ad.

La casa está en ....
Es ....
Tiene ....
También ....

3. INTERACCIÓN ORAL

2.5 Talk about your favorite room in the house. Describe the space, the furniture, and the colors of some of the objects. Talk about what you do there and why the room is your favorite.

⚙ ESTRATEGIA

Visualizing your topic

When speaking, it often helps to visualize what you are describing. Start by creating a plan of the room and label the furniture and colors. Then, think about what activities you do there and jot them down. Use the visual to guide you through the presentation.

SER JOVEN EN ESPAÑA

Unos amigos españoles charlan en una cafetería.

España comparte* el idioma y muchos aspectos culturales con los países de América Latina. También comparte historia y continente con los países de Europa. Pero, ¿cómo son los españoles? ¿Cómo viven?

LO MEJOR Y LO PEOR

Preguntamos a un grupo de muchachos de entre dieciséis y veinte años: «¿Qué es lo mejor* de vivir en España? ¿Y qué es lo peor*?» Todos respondieron que lo mejor es la gente, la vida social y la cultura. Sobre lo peor del país, todos coincidieron: «¡la economía!», exclamaron.

LA ECONOMÍA

La economía en España pasa por momentos difíciles. La crisis europea y mundial que comenzó en 2008 todavía afecta al país.

· Hay un fuerte desempleo (el 57.2 % de jóvenes no tiene trabajo).
· Hay una crisis importante en el sector de la construcción.
· Es uno de los países con mayor desigualdad social en Europa.

«Muchos jóvenes con títulos universitarios nos tenemos que ir al extranjero*. Aquí no hay trabajo», dice Lucas González, de Valencia.

> ¿Cómo es la situación laboral en EE. UU.? ¿Es fácil encontrar trabajo?

LA GENTE

Como en muchos otros países con una historia rica y diversa, definir el carácter de la gente es una tarea* complicada. En el norte, por ejemplo, la gente tiene fama de* ser reservada y tranquila: en el sur, la gente tiende a ser abierta y algo más ruidosa*. También las personas que vienen del este, el oeste o el centro difieren en su personalidad. «Yo vivo en Londres, donde mucha gente piensa que los españoles somos ruidosos, alegres y que nos gustan la paella y el flamenco. Pero yo soy de Lugo, en el norte de España, donde somos muy tranquilos. Además, ¡allí no hay ni paella ni flamenco!», dice Silvia Castellón, una estudiante de Erasmus[1] en el Reino Unido.

Muchacho desempleado

> Y en tu país, ¿hay varias formas de ser en distintas zonas geográficas? ¿Cómo es la gente donde tú vives?

¿VIDA SOCIAL O RED SOCIAL?

«España es un país de salir a la calle, de estar con los amigos, de charlar en los cafés. Ni Instagram ni Twitter pueden competir con eso», dice Carlos Esteban, un estudiante de segundo de Derecho* de Madrid.
«Yo sí tengo cuenta* en Facebook y la uso a diario. Cuelgo* mensajes o fotos. Pero para hablar prefiero estar con mis amigos», dice Marta González, de Valencia.
Según una reciente encuesta* del diario económico *Expansión*, los españoles prefieren Facebook, YouTube y Twitter para compartir mensajes o videos. Sin embargo, el 52% tiene cuenta en Facebook, en contraste con Suecia (92%), Islandia (97%) o Reino Unido (83%).
España es el séptimo país europeo en cuanto a* usuarios de Internet.

¿Cómo prefieres comunicarte con los amigos? ¿Piensas que las redes sociales sustituyen el contacto social? ¿Por qué?

Muchachos y muchachas en un barrio de tapas de Bilbao

LA CULTURA

A pesar de los recortes* de los últimos años, el cine, el teatro, la literatura y la música son las actividades favoritas de los jóvenes españoles. Según la Comisión Europea, España es uno de los seis países europeos con más participación cultural, por detrás de Suecia, Dinamarca, Holanda, Reino Unido y Francia.
Muchos escritores, directores de cine, arquitectos, diseñadores y pintores españoles tienen gran influencia en el mundo actualmente.

Y tú, ¿qué tipo de cultura consumes?

1. Erasmus: Programa que facilita* el intercambio de estudiantes en universidades europeas.

ANSWER THE FOLLOWING QUESTIONS

a ¿Qué es lo mejor y lo peor de vivir en EE. UU.?

b ¿Piensas que el porcentaje de usuarios de Facebook en EE. UU. es alto o bajo? Busca* en Internet para saber el resultado.

c ¿Cuáles son tus actividades culturales favoritas?

d ¿Qué iconos culturales estadounidenses piensas que han tenido influencia en el mundo?

La Gran Vía, una avenida importante de Madrid

GLOSARIO

busca – search
comparte – shares
cuelgo – (I) post
la cuenta – account
Derecho – law
la desigualdad – social inequality
en cuanto a – in terms of
la encuesta – survey
el extranjero – abroad
facilita – provides
lo mejor – the best thing
lo peor – the worse thing
los recortes – cutbacks
ruidoso – noisy
la tarea – task
tener fama de – to be known as

Fuentes: Facebook, Internet World Stats, *El País*, Nielsen online, *The Wall Street Journal*, *Público*, Eurostat, ABC, Erasmus Programme y entrevistas.

VOCES LATINAS
Vivir en España

EN RESUMEN

Situación

Encuentra el apartamento ideal
You are looking for an apartment to rent and
a housemate that shares your interests.

LEARNING OUTCOMES

	ACTION

Talk about your home

2.1   You have found the following posting that interests you. Call a friend and describe the features of the apartment to him/her.

APARTAMENTO AMUEBLADO
- Salón, balcón
- Cocina (totalmente equipada)
- Dos habitaciones con armario
- Baño (ducha)

En Colonia El Rosario, Zona 3, Cerca de las universidades
Renta incluye: energía eléctrica, cable y WIFI

Inf.: 7958691

Describe people, places, and things

2.2   After looking at the apartment, you realize it still needs some items, especially for your room. Prepare a list of the things you need to buy, for what rooms, and the colors you prefer.

Modelo: Para mi habitación, necesito…

Talk about activities

2.3   Your apartment is now fully furnished, but you have spent more money than you expected. You decide to look for a housemate and want someone with similar interests. Post an ad on the campus website describing what kinds of activities you usually do. Use the *Modelo* as a starting point.

Modelo: Busco compañero/a de apartamento para compartir la renta. Soy una persona muy activa…

Express opinions and preferences

2.4   Interview two possible housemates. Ask them about what they do, what their favorite things are and react to what they say with your own opinions and preferences.

2.5   Finally, you are all set. Write an email to your friend and tell him/her about your apartment and where it's located. Then write about your housemate, where he/she is now and what you do together.

Say where you and others are

● ● ●	Mensaje nuevo

Querido/a…
¿Cómo estás? Tengo un nuevo apartamento. …………………………
………………………………………………………………………………
Saludos,
…………………

LISTA DE VOCABULARIO

Los lugares Places

la calle street
el centro downtown
la ciudad city
el edificio building
la escuela school
el parque park
el pueblo town

Los deportes Sports

el baloncesto / el básquetbol basketball
el béisbol baseball
el fútbol soccer
el fútbol americano football
el golf golf
el tenis tennis
el vóleibol volleyball

Las asignaturas School subjects

Arte art
Biología biology
Ciencias science
Computación computer science
Economía economics
Español Spanish
Física physics
Historia history
Informática computer science
Literatura literature
Matemáticas math
Música music

La comida Food

la carne meat
la fruta fruit
el pan bread
el pescado fish
el pollo chicken
la verdura vegetables

Descripciones Descriptions

aburrido/a boring
bonito/a beautiful, pretty
difícil difficult
divertido/a funny
fácil easy
fantástico/a fantastic
favorito/a favorite
genial great
grande big
guapo/a handsome / pretty
importante important
interesante interesting
pequeño/a small

Los colores Colors

amarillo yellow
anaranjado / naranja orange
azul blue
blanco white
gris grey
marrón brown
negro black
rojo red
verde green

La casa y los muebles
House and furniture

el armario closet
la bañera bathtub
la cama bed
la cocina kitchen
la cómoda chest of drawers
el cuarto de baño bathroom
el dormitorio bedroom
la ducha shower
el espejo mirror
la estantería shelf
la estufa stove
la foto (fotografía) photo
la habitación room
el horno oven
el lavabo sink
la mesa table
la mesilla bedside table
el microondas microwave
el salón living room
el sofá sofa

Verbos Verbs

amar to love
bailar to dance
caminar to walk
cantar to sing
comprar to buy
descansar to rest
escuchar to listen
estar to be
estar bien to be fine
estar contento/a to be happy
estar enfermo/a to be sick
estar triste to be sad
estudiar to study
hablar to speak
mandar to send
pasear to stroll, to walk around
trabajar to work
viajar to travel

Interrogativos Questions words

cómo how
cuál which one
cuánto how much
cuántos how many
de dónde from where
dónde where
por qué why
qué what

Palabras y expresiones útiles
Useful words and expressions

la cámara camera
el gato cat
la mascota pet
el perro dog

Creo que… I believe that…
¿Cuánto cuesta? How much does it cost?
En mi opinión… In my opinion…
Lo siento. I'm sorry.
Para mí/ti/él… For me/you/him…
Pienso que… I think that…

3

MI FAMILIA

Hablamos de…	Vocabulario y comunicación	¡En vivo!	Gramática	Destrezas	Sabor latino	En resumen
• Una familia mexicana	• **La familia:** Describing personality traits and physical conditions • **La ropa:** Describing physical characteristics **Pronunciación** • The sounds of *c* and *s*	• **Episodio 3 La chica más guapa del mundo:** Making inferences from non-verbal clues	• Present tense of –*er* and –*ir* verbs • Possessive adjectives • Demonstrative adjectives	• **La Nochebuena** – **Comprensión de lectura:** Identifying descriptive words – **Expresión escrita:** Making a chart – **Interacción oral:** Creating a graphic organizer	• **Tradiciones familiares**	• **Situación:** Encuentra a la persona de tus sueños • Vocabulario

Esta familia está muy contenta.

- ¿Cuántas personas hay en estas familias?
- ¿Dónde está cada una de ellas?
- ¿Qué hacen?
- ¿Quién es la persona favorita de tu familia?
- ¿Qué haces normalmente con él o ella?
- ¿Te identificas con alguna de estas familias? ¿Con cuál?

LEARNING OUTCOMES

By the end of this unit, you will be able to:

- Describe family members
- Describe physical characteristics
- Describe personality traits and physical conditions
- Ask and say what people are like
- Express possession
- Talk about clothes and everyday activities

3.1 Look at the image of Ramón and his family. Then select the sentences that are true based on what you see or can infer.

a. ☑ Esta es la familia de Ramón.

b. ☐ Hay diez personas en la foto.

c. ☐ La abuela de Ramón tiene el pelo blanco.

d. ☑ El señor con la camisa azul es el padre.

e. ☑ El abuelo tiene un perro negro en brazos.

f. ☑ El sobrino de Ramón tiene menos de cinco años. Es un bebé. Es pequeño.

g. ☑ Hoy celebran el cumpleaños de la madre.

h. ☐ Todos están tristes.

3.2 Ramón is showing his friend María a cell phone picture of his family. Follow along as you listen to the conversation. Then choose the correct option in the sentences below.

Ramón: Mira, María, mi familia el día del cumpleaños de mi madre.

María: ¿Esta es tu madre?

Ramón: Sí, y ese hombre es mi padre. Es moreno, igual que todos nosotros. Mis abuelos ahora tienen el pelo blanco.

María: Sí, es verdad. Tu padre es muy alto, ¿no?

Ramón: Sí, y es muy simpático. Siempre está contento.

María: ¿Tu hermana es esta que tiene el pelo largo?

Ramón: Sí, tiene dos hijos. Este es Jorge y tiene tres años. El bebé se llama Roberto pero no está en la foto.

María: ¡Jorge es precioso! ¿Y cómo se llama el perro?

Ramón: Se llama Dante. Siempre tiene hambre. Bueno, y tú, ¿cuántos hermanos tienes?

María: No tengo hermanos. Soy hija única.

a. ☐ La madre de Ramón es **rubia / morena**.

b. ☐ El padre de Ramón es **bajo / alto**.

c. ☐ El padre de Ramón es **simpático / antipático**.

d. ☐ El abuelo de Ramón tiene el pelo **blanco / largo**.

e. ☐ La hermana de Ramón es la **madre / hermana** de Jorge.

f. ☐ María **tiene un hermano mayor / no tiene hermanos**.

3.3 Look at the pictures and read the descriptions for the people in Ramón's family. Then choose the correct option in the sentences below.

Mi madre es morena y tiene el pelo rizado. Lleva una blusa blanca. Es muy divertida.

Mi padre es alto y tiene barba. Lleva una camisa azul.

Mi abuelo es delgado y tiene el pelo blanco. Lleva una camisa blanca y lentes.

Mi abuela tiene el pelo blanco y un poco rizado. Es mayor.

Mi hermana es pelirroja.

Mi sobrino Roberto es muy joven. Tiene el pelo corto y rizado.

a. Mi abuela **lleva** / **es** una blusa blanca.

b. Mi hermana es **morena** / **pelirroja** y tiene el pelo **rizado** / **liso**.

c. Mi padre no **es** / **lleva** lentes.

d. Mi abuelo tiene setenta y cinco años. Es **mayor** / **joven**.

e. Mi madre es **divertido** / **divertida**.

3.4 Work with a partner and take turns describing any three members of your family using the expressions above.

Modelo: Mi madre es alta y tiene el pelo largo. Tiene cuarenta y cinco años. Es joven.

APUNTES: La familia mexicana

✓ En una comida familiar es normal ver a mucha gente: los abuelos, los tíos, los papás, los primos, los hijos, los nietos...

✓ En México, muchos hogares (*homes*) son familiares (90,5%) y el 97,3% de los mexicanos vive en familia.

✓ El 70,9% del núcleo de una familia mexicana moderna está formado por los padres y los hijos.

1.A VOCABULARIO: LA FAMILIA

3.1 Look at the image of Ramón's family. Follow along as you listen to the description of who everyone is. *¡Atención!* Not all the members of Ramón's family appear in this picture. Then with a partner, take turns asking and answering the questions.

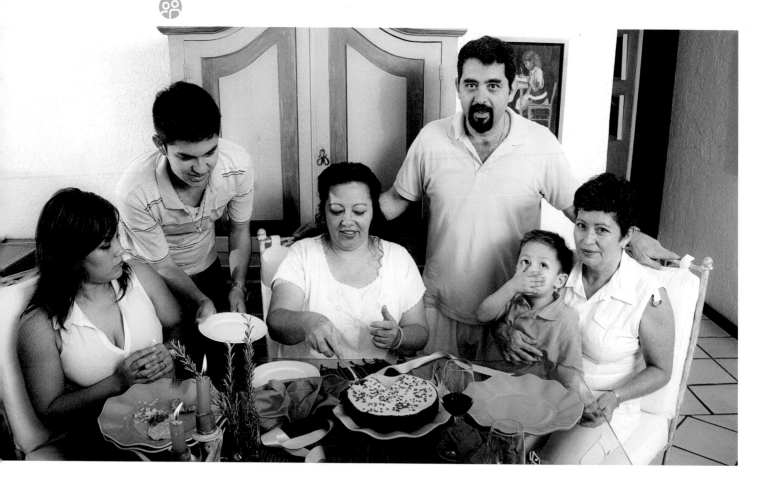

Vocabulario adicional

medio hermano / hermana *half-brother / half-sister*
madrastra / padrastro *stepmother / stepfather*

papá = padre
mamá = madre
esposo = marido
esposa = mujer

La familia de Ramón es muy grande. Su **papá** se llama Víctor Martínez y su **mamá**, Carmen Serrano. Víctor y Carmen son **esposo** y **esposa**. Tienen dos **hijos**: Ramón tiene veinte años y su **hermana** Leticia tiene treinta años. Pablo es el esposo de Leticia y tienen dos hijos: Jorge tiene tres años y Roberto, solo tres meses.
Jorge y Roberto son los **nietos** de Víctor y Carmen, y los **sobrinos** de Ramón. Daniela es la **hermana** de Víctor y la **tía** de Leticia y Ramón. Daniela tiene un hijo mayor que se llama Antonio. Es el **primo** de Leticia y Ramón. Antonio no está casado y no tiene hijos.

a. ¿Cómo se llama el padre de Jorge y Roberto? ....

b. ¿Cómo se llama el tío de Jorge y Roberto? ....

c. ¿Quiénes no tienen hijos? ....

d. ¿Cómo se llaman los abuelos de Jorge y Roberto? ....

e. ¿Qué miembros de la familia no aparecen en la imagen? ....

3.2 Look at the family tree of another Mexican family. Complete the tree with the names of the missing family members using the clues provided. Then check your answers with a partner.

Juan y (a) María

Victoria y (b) Aníbal

Pedro y (c) Amalia

(d) Laura

Marcos y Andrea

(e) Matilde

Pistas: Juan y María tienen tres hijos: Victoria, Pedro y Laura. Los hijos de Aníbal se llaman Marcos y Andrea. Matilde es prima de Marcos y Andrea. Marcos y Andrea tienen dos tías: Amalia y Laura.

Modelo: E1: ¿Quién es la esposa de Juan?

E2: Es...

3.3 Take turns asking your partner about the members of his/her family.

Modelo: E1: ¿Tienes hermanos?   E1: ¿Cómo se llama?

E2: Sí, tengo un hermano.   E2: Mi hermano se llama Jeff.

To ask about someone's family:
- ¿Tienes hermanos (abuelos, tíos...)?
- ¿Cuántos hermanos (abuelos, tíos...) tienes?

3.4 Sketch out a family tree similar to the one in Activity 3.2, leaving the names blank. Then in groups of three, share more information about your extended family including aunts and uncles, cousins, etc. As you talk about your family, the members in your group will create your family tree.

3.5 Give a definition in Spanish describing family relationships. Your partners will identify the relative you are referring to.

La madre de mi madre...

Es la abuela.

¡Sí!

SER	TENER
soy	tengo
eres	tienes
es	tiene
somos	tenemos
sois	tenéis
son	tienen

» Use the verb **ser** to describe a person's characteristics.
> *Nuria es inteligente.* Nuria is intelligent.
> *Marta es una muchacha muy amable.* Marta is a very friendly girl.

» Use **tener** to describe a person's physical condition.
> *Nicolás tiene calor.* Nicolás is warm.

Here is a list of adjectives and expressions that describe personality traits and physical conditions:

Ser...

abierto/a *outgoing*	inteligente *intelligent*
aburrido/a *boring*	maleducado/a *rude*
amable *friendly*	simpático/a *likeable*
antipático/a *disagreeable*	tímido/a *shy*
divertido/a *fun*	trabajador/a *hard-working*
hablador/a *talkative*	vago/a *lazy*

Tener...

hambre *to be hungry*
sed *to be thirsty*
calor *to be warm*
frío *to be cold*
sueño *to be sleepy*

 If you are describing a characteristic that may be perceived as negative, use **un poco** before the adjective.

> *Es muy inteligente pero es **un poco** tímido.* *He's very intelligent, but he's a little shy.*

3.6 With a partner, select the appropriate adjective for each image from the options given. Can you guess what the new words mean? *¡Atención!* Adjective pairs are presented as opposites.

a. simpático
b. antipático

a. aburrida
b. interesante

a. tranquilo
b. nervioso

a. sincero
b. mentiroso

a. abierta
b. tímida

a. vaga
b. trabajadora

a. ignorante
b. inteligente

a. tacaño
b. generoso

3.7 Describe to your partner two positive aspects of your personality and a negative one. Use the *Modelo* as a guide.

Yo soy muy abierto y simpático, pero un poco nervioso.

Pues yo soy inteligente y trabajadora, pero un poco tacaña.

3.8 Listen to the conversations and fill in the missing words.

a. **Luis:** ¿Cómo es tu amiga Marta?
   Nuria: Es un poco .... Siempre tiene ....
   Luis: ¿Estudia mucho?
   Nuria: Bueno, sí, es muy ....

b. **Alberto:** El profesor de Ciencias es muy ....
   Luis: Sí, es verdad, y también es muy .... en clase.

c. **Juanjo:** Mi madre es divertida, ..., inteligente...
   Carlos: ¿No tiene defectos?
   Juanjo: Bueno, sí, es un poco ....

d. **Rosa:** ¿Cómo es tu ....?
   Miguel: Es muy .... pero es .... vago.
   Rosa: ¿Qué hace?
   Miguel: Por ejemplo, cuando tiene .... bebe agua del lavabo para no caminar a la cocina.

3.9 Practice the conversations with a partner. Then create similar conversations to talk about your own family and friends.

3.10   Marina loves to blog about clothes and what to wear. Match the sentences to the articles of clothing Marina recommends for different activities and occasions.

1. unas botas
2. unos jeans corte recto
3. un cárdigan y bufanda gris
4. una blusa rosa y falda gris
5. unos tenis

6. una camiseta roja y pantalones de entrenamiento
7. unas sandalias
8. una blusa verde, unos jeans corte skinny y unas balerinas
9. un vestido anaranjado
10. unos zapatos de tacón alto

3.11 Review the items in Martín's closet. Then with a partner select what Martín should wear for each of the situations listed below.

chaqueta

suéter

camisa

camiseta

pantalones cortos

tenis

jeans

pantalones

bota

gorra

cinturón

corbata

Para ir a clase	Para una ocasión especial	Para estar en casa

3.12 Think about what you would wear to an interview for an internship you are seeking. Then in groups of three, describe your outfit to the group. Each member will draw what you describe and identify the type of internship based on the clothing you describe. Compare drawings to see whose was most accurate. Give feedback to correct the other drawings.

SER	TENER
soy	**tengo**
eres	**tie**nes
es	**tie**ne
somos	tenemos
sois	tenéis
son	**tie**nen

LLEVAR *to wear*
llevo
llevas
lleva
llevamos
lleváis
llevan

Es...
moreno/a
rubio/a
pelirrojo/a
castaño/a
- Mi prima es rubia. *My cousin is blond.*

» Use the verb **ser** to describe a person's physical characteristics.
    *Isabel **es** guapa. Isabel is attractive.*
» Use the verb **tener** or **llevar** to describe a person's features or what he/she is wearing.
    *Él **tiene** los ojos azules. He has blue eyes.*
    ***Lleva** jeans todos los días. He wears jeans every day.*
    ***Lleva** el pelo corto. / Tiene el pelo corto. He wears his hair short. / He has short hair.*

Here are some ways to answer the question **¿Cómo es?**

Es...
alto/a	*tall*
bajo/a	*short*
calvo	*bald*
delgado/a	*thin*
feo/a	*unattractive*
fuerte	*strong*
gordo/a, con sobrepeso	*overweight*
grande	*big*
guapo/a	*attractive*
joven	*young*
mayor	*old*
pequeño/a	*small*

Tiene los ojos *(eyes)...*
azules	*blue*
claros	*light*
grandes	*big*
marrones	*brown*
negros	*black*
oscuros	*dark*
pequeños	*little*
verdes	*green*

Lleva...
bigote	*mustache*
barba	*beard*
gafas / lentes	*glasses*

Tiene / Lleva el pelo *(hair)...*
castaño	*light brown*
corto	*short*
largo	*long*
liso	*straight*
moreno	*dark brown*
pelirrojo	*red*
rizado	*curly*
rubio	*blond*

Lleva...
una camisa blanca	*a white shirt*
un vestido rosa	*a pink dress*
una chaqueta roja	*a red jacket*

3.13 The following people have posted profiles online to meet new friends. Complete their profiles with the words from the list.

largo • claros • moreno • baja • bigote • pelirrojo
barba • liso • delgada • castaño • corto • tímida

La web de amigos

Hola a todos, soy Mark. Soy (a) .... y llevo el pelo muy (b) .... Soy alto, llevo (c) .... y tengo los ojos azules. Soy simpático y divertido.

Hola, me llamo Antonia: soy alta y (d) ...., tengo los ojos (e) .... Soy rubia y tengo el pelo (f) ....y rizado. Soy un poco (g) ....

Soy Jorge, tengo veinticinco años. Soy (h) ...., tengo el pelo corto, llevo barba y (i) .... Soy muy hablador.

Me llamo Marta, tengo el pelo (j) .... y (k) .... Soy un poco (l) .... Tengo veinte años y estudio arte.

3.14 Write a similar profile about one of your classmates to post on *La web de amigos*. Include physical and personality traits and what he/she will be wearing at the social *La web de amigos* is hosting on Saturday. Then, in groups of three, read aloud the profile without disclosing the person's name. Your classmates will guess who the person is.

3.15 In your group, discuss online profiles and exchange opinions using the following questions as a guide.

Expressing opinions:
Para mí...
Pienso que...
Creo que...
En mi opinión...

– ¿Qué piensas de los perfiles en línea?
– ¿Son auténticos? ¿Son exagerados?
– ¿Qué es más importante para ti, la foto o la información?
– ¿Tienes un perfil en línea? ¿Cómo es?
– ¿Qué información tienes en tu perfil?

PRONUNCIACIÓN

THE SOUNDS OF *C* AND *S*

3.1 Listen to the pronunciation of the following words.

El sonido /k/	El sonido /s/
c + a ▶ **ca**lvo	c + e ▶ **ce**ro
c + o ▶ **co**rto	c + i ▶ **ci**nco
c + u ▶ **cu**rso	z + a ▶ ri**za**do
qu + e ▶ pe**que**ño	z + o ▶ **zo**rro
qu + i ▶ tran**qui**lo	z + u ▶ **zu**rdo

3.2 Read the following syllables aloud to your partner.

za-	que-	cu-	qui-	ca-
co-	ce-	zo-	ci-	zu-

3.3 Write the words you hear under the corresponding image.

....

....

¡EN VIVO!
Episodio 3
La chica más guapa del mundo

ANTES DEL VIDEO

3.1 With a partner, look at the scenes from the episode and make your best guesses about what is happening. Then indicate which descriptions match each image.

a. Es la tía de Eli y Sebastián el día de su graduación.
b. Es el hermano de Eli.
c. Es Felipe, el amigo de Sebas.
d. Tiene el pelo negro, corto y muy rizado.
e. Lleva lentes y el pelo largo.
f. Está en una foto con el hermano pequeño de Eli.
g. Es el padre de Eli.
h. Para ellas, es una situación divertida.

i. Tiene el pelo muy corto, es guapo, simpático y un poco tímido.
j. Es alta, delgada y tiene el pelo largo y liso.
k. Llama a su amigo para hablar de Lorena.
l. Pregunta cómo es y qué ropa lleva.
m. Es la madre de Eli.
n. Está con Eli y la madre de Eli.

Imagen 1: .... Imagen 3: .... Imagen 5: ....
Imagen 2: .... Imagen 4: .... Imagen 6: ....

⚙ ESTRATEGIA

Making inferences from non-verbal clues
While listening to the conversations and watching the action, one can make inferences about the personality and/or the attitude of the person talking based on gestures, tone of voice, and eye contact. A speaker's body language can convey a message as well.

DURANTE EL VIDEO

3.2 Watch the following scene from the episode and select the correct option.

`00:30 - 02:46`
a. Lorena visita a Eli para **hablar sobre su familia / ayudarle a elegir ropa**.
b. El apartamento de Lorena es **pequeño y bonito / grande y moderno**.
c. Lorena pregunta quiénes son las personas que están **en las fotos / en la casa**.
d. En las fotos están **sus padres y su hermano / sus padres, su tía y su hermano**.
e. **Sebas / Eli** está en una foto con su padre.
f. Las muchachas hablan de una foto de la graduación de su **prima / tía**.

3.3 Watch the following scene and answer the questions.

`02:46 - 04:15`
a. ¿Qué tipo de ropa prefiere Lorena para la primera cita?
b. ¿Cómo es la primera falda que muestra Eli?
c. ¿Cuántos vestidos saca Eli del armario?
d. ¿Qué tipo de calzado *(footwear)* prefiere Eli para combinar con el vestido?

76

3.4 Choose the statement that best describes the scene.

04:15 - 05:17

a. El hermano de Eli quiere tomar una foto de las muchachas para su amigo y las muchachas no quieren. También, su amigo pregunta si Eli tiene novio.

b. El hermano de Eli habla con su amigo de la amiga de su hermana. También, su amigo quiere saber si Lorena tiene novio.

c. El hermano de Eli llama a su amigo para hablar de una fiesta y presentarle a Lorena.

3.5 Before you watch the last scene of the episode, choose the ending you think is most likely to occur. Then watch the episode. Did you guess correctly?

a. El hermano de Eli no pregunta a Lorena si tiene novio porque es muy tímido y Lorena no tiene interés porque es muy joven.

b. El hermano de Eli le pregunta si tiene novio y Lorena le responde que sí y que está muy contenta con él.

c. El hermano de Eli le pregunta si tiene novio, Lorena no responde pero piensa que Sebas es un muchacho simpático.

3.6 With a partner, describe the physical characteristics of Eli, Lorena, Sebastián and Felipe and what each one is wearing in the episode.

3.7 What aspects of the episode do you identify with? Check the ones that apply and then share them with your group. Which one of you has the most in common with Eli?

	Sí	No
a. Mis amigos y yo hablamos de la ropa.	☐	☐
b. Hay muchas fotos de mi familia en mi casa.	☐	☐
c. Mi hermano es un poco tímido. / Mi hermana es un poco tímida.	☐	☐
d. Mi padre es calvo.	☐	☐
e. Mi madre lleva lentes.	☐	☐
f. El amigo de mi hermano es maleducado. / La amiga de mi hermana es maleducada.	☐	☐
g. Tengo un hermano pequeño que es simpático. / Tengo una hermana pequeña que es simpática.	☐	☐
h. Mi hermano / Mi hermana entra en mi cuarto sin *(without)* permiso.	☐	☐

DESPUÉS DEL VIDEO

GRAMÁTICA

1. PRESENT TENSE OF –ER AND –IR VERBS

» You have already learned the forms of verbs in Spanish ending in **–ar**. There are two other groups of regular verbs, whose infinitives end in **–er** and **–ir**. To create the present tense forms of **–er** and **–ir** verbs, drop the endings from the infinitives, then add the verb endings as shown in the chart. Do **–er** and **–ir** verbs share the same endings?

COMER (to eat)			
yo	com**o**	nosotros/as	com**emos**
tú	com**es**	vosotros/as	com**éis**
usted/él/ella	com**e**	ustedes/ellos/ellas	com**en**

VIVIR (to live)			
yo	viv**o**	nosotros/as	viv**imos**
tú	viv**es**	vosotros/as	viv**ís**
usted/él/ella	viv**e**	ustedes/ellos/ellas	viv**en**

Yo **como** con mi familia.   I eat with my family.
Mi familia **vive** en Buenos Aires.   My family lives in Buenos Aires.

» Here are some useful **–er** and **–ir** verbs:

-ER	-IR
aprender to learn	abrir to open
beber to drink	asistir to attend
creer to think	discutir to argue
leer to read	escribir to write
responder to answer	recibir to receive
ver to see	subir to upload (to go up)

» **Ver** is irregular in the *yo* form only:

VER	
veo	vemos
ves	veis
ve	ven

3.1_____ Read the following text and fill in the blanks with the correct form of the verbs.

Enrique y Marta son hermanos, (a) .... (vivir) juntos, pero son muy diferentes. Él siempre (b) .... (comer) pasta y ella ensaladas. Él (c) .... (beber) café y ella té. Los dos (d) .... (leer) novelas, pero él (e) .... (leer) novelas de aventuras y ella novelas de amor.
Marta (f) .... (aprender) italiano y Enrique, inglés. Los amigos de Enrique y Marta siempre (g) .... (escribir) correos electrónicos para comunicarse con ellos. Marta (h) .... (abrir) los correos todos los días, pero Enrique no. Son diferentes, pero nunca (i) .... (discutir).

3.2 _____ Think about you and your family and complete the following sentences with the correct form of the verbs and a logical ending.

    a. Mi familia y yo (vivir) ....

    b. Normalmente yo (comer) ....

    c. Mi prima Julia (vivir) ....

    d. En un restaurante, nosotros (comer) ....

3.3 _____ With your partner, take turns asking each other about the following activities. Respond with additional information about when or where you do them or why you don't.

> Modelo: subir fotos a los medios sociales
> E1: ¿Subes fotos a los medios sociales?
> E2: Sí, subo fotos a Facebook, ¿y tú?
> E1: Yo no. Soy un poco vago.

    a. comer con tus amigos

    b. asistir a clase

    c. ver la televisión

    d. leer entradas en Facebook

    e. recibir mensajes de texto

Other terms commonly used:
medios sociales = redes sociales
autofoto = _selfie_

¿Tomas autofotos cuando estás aburrido?

2. POSSESSIVE ADJECTIVES

» Possessive adjectives tell you _whose_ object or person is being referred to (_my car, his book, her mother_, etc.). In Spanish, possessive adjectives agree in number with the nouns that follow them. Here are the possessive adjectives in Spanish:

	Singular		Plural	
	Masculine	**Feminine**	**Masculine**	**Feminine**
_my_	**mi** carro	**mi** casa	**mis** carros	**mis** casas
your	**tu** carro	**tu** casa	**tus** carros	**tus** casas
his/her/your (for.)	**su** carro	**su** casa	**sus** carros	**sus** casas
our	**nuestro** carro	**nuestra** casa	**nuestros** carros	**nuestras** casas
your (pl., Spain)	**vuestro** carro	**vuestra** casa	**vuestros** carros	**vuestras** casas
their/your (pl.)	**su** carro	**su** casa	**sus** carros	**sus** casas

Mi teléfono es muy moderno. _My phone is very modern._
Marisa tiene dos gatos. **Sus** gatos son negros. _Marisa has two cats. Her cats are black._

» Possessive adjectives must agree in number (singular/plural) with the noun they modify. In addition to agreeing in number, **nuestro** and **vuestro** must also agree in gender.
    Nuest**ro** tío es divertido. _Our uncle is fun._
    Nuest**ra** tía es rubia. _Our aunt is blond._

3.4 Choose the correct option in each sentence. Then match the sentence to the person whose family is being described. Compare your answers with a partner.

¿De quién?

1. **Mi / Nuestras / Tu** hermanas son amigas.
2. **Su / Sus / Nuestro** padres están contentos.
3. **Mi / Tu / Tus** abuelos son muy mayores.
4. Sr. Isidro, ¿Cómo es **tus / sus / su** familia? ¿Grande o pequeña?
5. **Mis / Nuestros / Tu** amigas son muy simpáticas.
6. **Mi / Nuestros / Su** primos estudian en México.

a. yo
b. nosotros/nosotras
c. tú y yo
d. él/ella/ellos/ellas
e. usted
f. tú

3.5 Underline the possessive adjectives in the following text. Then write a paragraph about your own family. Include a couple of sentences that are not true.

Tengo dos hermanos: Daniel y Ana. Nuestros padres se llaman Javier y Marisa. Vivimos en Valparaíso. Nuestro padre es alto y delgado, y nuestra madre es rubia. Mi hermano Daniel tiene veinticuatro años y mi hermana Ana tiene veintidós. Ana es muy inteligente y alegre. Daniel es muy divertido y un poco vago. La hermana de mi padre tiene dos hijos gemelos. Está muy cansada porque sus hijos son pequeños. **¿Cómo es tu familia?**

Tengo...

3.6 With a partner, take turns reading the paragraph you wrote about your family from the previous activity. Your partner should guess which of the sentences are false. When he/she guesses it, tell him/her the truth.

3. DEMONSTRATIVE ADJECTIVES

» Demonstrative adjectives point out people and objects and indicate how far away these people or objects are from the speaker. For example, for people or objects that are:

1. close to the speaker, use: **este**;
2. at an intermediate distance or between the speaker and the listener, use: **ese**;
3. far away from both, use: **aquel**.

Location of speaker	Singular		Plural		
	Masculine	**Feminine**	**Masculine**	**Feminine**	
aquí *here*	este	esta	estos	estas	*this, these*
ahí *there*	ese	esa	esos	esas	*that, those*
allí *over there*	aquel	aquella	aquellos	aquellas	*that (over there), those (over there)*

» As with other adjectives, demonstratives agree in gender and number with the nouns that follow.
   este zapato this shoe / **estos** zapatos these shoes
» These forms can also be used as pronouns, but must still agree in number and gender with the noun(s) they are replacing.

Este es mi amigo Manuel. Es muy simpático.

Ese es mi profesor. Es muy divertido.

Aquellos son mis amigos. Son muy atléticos.

3.7 _____ Change the sentences from singular to plural or vice versa.

a. Esa mujer está muy nerviosa. ....

b. Estos estudiantes son un poco habladores. ....

c. Aquel hombre tiene los ojos azules. ....

d. Aquellas señoras son muy jóvenes. ....

3.8 _____ Take turns asking each other about your favorite people and things. Then, react to your partner's answer and explain whether or not you agree.

Modelo: Tu tienda favorita.
    E1: ¿Cuál es tu tienda favorita?
    E2: Para mí es Target. ¿Y para ti?
    E1: Para mí, también. Esa tienda tiene ropa bonita. / Para mí, no. Esa tienda tiene ropa horrible.

a. Tu restaurante favorito.
b. Tu actriz favorita.
c. Tu película favorita.
d. Tu color favorito.
e. Tu ciudad favorita.
f. Tu programa de televisión favorito.

Showing agreement and disagreement:
Para mí, también ≠ Para mí, no.
Sí, es verdad. ≠ No, no es verdad.

3.9 _____ With a partner, take turns creating sentences for what the people in the images might say. Use demonstrative adjectives.

Modelo: Creo que estos lentes son muy bonitos para mí.

VIDEOCLASES
5 y 6

DESTREZAS

1. COMPRENSIÓN DE LECTURA

3.1 With a partner, take turns asking each other the following questions.

a. ¿Cómo es tu familia?   **d.** ¿Se reúnen con frecuencia?

b. ¿Cuántas personas hay en tu familia?   **e.** ¿Qué fiestas celebras con tu familia?

c. ¿Cómo se llaman?

3.2 Read the following text about a Mexican family getting together to celebrate Christmas Eve, *Nochebuena*, in Oaxaca, Mexico.

⚙ ESTRATEGIA

Identifying descriptive words
While reading, focus on the words used to describe this family. Then underline those that refer to personality traits and circle those that refer to a physical aspect.

La Nochebuena

Todos los años el mismo problema. Mi madre no sabe cómo organizar a la familia en la mesa. En total, somos nueve. Siempre es un desastre porque todos somos muy diferentes.

La abuela Julia es muy nerviosa y habladora. Lleva siempre ropa muy oscura. Odia *(hate)* los teléfonos celulares y el pelo largo en los hombres. El tío Vicente, con corbata y traje negros, es muy pesimista y habla muy poco. Su mujer, Guadalupe, siempre habla por el celular. La prima Marta es muy alegre pero bastante supersticiosa. Es actriz. Lleva pantalones y vestidos de muchos colores.

Mi hermana Sara es muy tranquila e inteligente, pero un poco tímida, siempre con sus jeans viejos y una camiseta donde está escrito: "Prohibido hablar por el celular, gracias". Óscar, el novio de Sara, lleva el pelo largo y rizado. No habla mucho.

Mi padre es muy hablador, optimista y sociable, pero sus ojos no soportan los colores claros ni los muy oscuros. La pobre mamá, que es muy buena, no sabe qué hacer ni dónde sentarnos para evitar conflictos.

3.3 Describe the following people with the information presented in the reading.

a. la abuela Julia   **c.** Sara   **e.** la prima Marta   **g.** mamá

b. el tío Vicente   **d.** Óscar   **f.** papá   **h.** la tía Guadalupe

3.4 With a partner, arrange the seating chart below for this family's dinner using the information you have learned about them.

3.5 Tell the class about your own family celebration or tradition.

 Modelo: En mi familia, nosotros…

2. EXPRESIÓN ESCRITA

3.6 ____ Think about your own family and choose two members you would like to write about.

⚙️ **ESTRATEGIA**

Making a chart
Make a chart showing information about the family members you have chosen. This will help you write your description.

Categoría	Detalles
nombre	....
relación	....
descripción física	....
descripción de carácter	....
ropa que lleva normalmente	....
estado físico	....

3.7 ____ Write a description of this person using the notes you prepared.

Modelo: Este/Esta es mi...

3.8 ____ Take turns reading parts of your description to a partner without saying who the person is. Your partner will try to guess the relationship based on what you say.

Modelo: E1: Julia es muy nerviosa y habladora. Tiene el pelo blanco y lleva siempre ropa muy oscura. Es bastante tradicional y no usa su teléfono celular. ¿Quién es Julia?

E2: ¿Es tu abuela?

E1: No.

E2: ¿Es tu tía?

E1: Sí, es la hermana de mi abuela, es mi tía abuela.

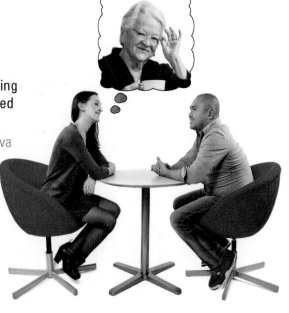

3. INTERACCIÓN ORAL

3.9 ____ Prepare a talk to present to the class about you and your family. Describe the physical traits and characteristics you share with members of your family and say who you are most like. Talk about what you do with your family and which member is your favorite.

⚙️ **ESTRATEGIA**

Creating a graphic organizer
Divide the topic into sections and create a web to organize your content. Use visual aids, such as photos, to help your audience grasp the main points.

Descripción física ← **Mi familia y yo** → Actividades familiares

Descripción de carácter ← → Favoritos

To say you are like someone else, use:
- Soy más como mi abuelo. *(most like)*
- Soy igual que mi abuelo. *(the same as)*

Modelo: Soy más como mi abuelo porque los dos somos...

SABOR LATINO

Celebración del Día de Muertos

Una familia mexicana se divierte con los videojuegos.

TRADICIONES FAMILIARES

Para los mexicanos, la familia es lo más importante. Además de aprender valores* y compartir* la vida diaria, las familias mexicanas celebran varios días especiales cada año. ¡Descúbrelos!

El Día de la Madre es una de las fiestas más respetadas.

QUÉ DICEN LOS MEXICANOS

El 98,6% de los mexicanos piensa que la familia es lo más importante, según una encuesta de 2014. Más aún: el 43% cree que «tener una familia unida» es la base para tener éxito* en la vida. Los valores, dicen, se aprenden en casa, y los más importantes son la solidaridad, la amistad, el respeto, la responsabilidad, la tolerancia y la libertad.

> ¿Compartes los mismos valores que los mexicanos? ¿Cuáles son los más importantes para ti?

EL DÍA MÁS CELEBRADO

La madre es el centro de la familia mexicana. Tanto es así*, que los insultos más fuertes en este país consisten en decir algo negativo sobre la madre.
El Día de la Madre es la fiesta familiar más importante, y por eso es un día feriado y no se trabaja en muchas oficinas.
Se celebra desde 1922 cada diez de mayo. Es tradicional reunirse a compartir la comida en un restaurante y regalar rosas a la mujer de la casa.

> Y en tu país, ¿cuándo y cómo se celebra el Día de la Madre? ¿Es también allí la fiesta familiar más importante?

LAS POSADAS

Nueve días antes de la Navidad, los mexicanos celebran Las Posadas, una fiesta popular que consiste en recordar el nacimiento* de Jesús. Es habitual celebrarla en familia, encontrarse con los vecinos* del barrio, cantar villancicos* y colgar piñatas hechas de barro y papel.

> Y tú, ¿conoces a tus vecinos? ¿Qué actividades o eventos compartes con ellos?

Dulces típicos del Día de Muertos

UNA TRADICIÓN DORADA

«**C**uando mi hermana se casó , su novio le entregó las arras», dice Ric Segundo, un estudiante de la Universidad Autónoma de México. «Fue un momento especial, porque son un símbolo de la confianza entre los novios».

Las arras son trece monedas de oro que suelen pasar de generación en generación dentro de una familia. Esta tradición es muy antigua: ya existía en la antigua Roma y hoy está presente en las bodas católicas mexicanas. Las trece representan la abundancia en los doce meses del año, más un mes en el que la riqueza es compartida con los pobres.

Las arras son una tradición en las bodas.

¿Qué tradición curiosa se celebra en las bodas norteamericanas?

LOS ANTEPASADOS , PRESENTES

En México, la familia no solo está formada por quienes están presentes. Los antepasados, los familiares que han muerto, también tienen su lugar en la casa y las prácticas domésticas.

El Día de Muertos se celebra el treinta y uno de octubre, y el uno y dos de noviembre, y es una ocasión para recordar y rendir homenaje* a los seres queridos* que ya no están.

Normalmente, las familias preparan un altar en casa con los objetos y los platos favoritos del difunto*. También es habitual visitar el cementerio y llevar flores a las tumbas. Otro aspecto de esta celebración son los dulces especiales que se comen, como un pan llamado «pan de muerto» y las calaveras* de azúcar.

¿Cómo se recuerda en EE. UU. a los seres queridos que ya no están? ¿Te resulta interesante la tradición del Día de Muertos? ¿Por qué?

ANSWER THE FOLLOWING QUESTIONS

a ¿Piensas que la familia es lo más importante? ¿Qué otras cosas son importantes para ti?

b Según los mexicanos, la familia es la base para tener éxito. ¿Y para ti?

c Mucha gente piensa que el Día de la Madre es una fiesta demasiado comercial. ¿Estás de acuerdo? ¿Por qué?

d ¿Qué fiesta similar al Día de Muertos hay en EE. UU.? ¿Cuál es su origen?

GLOSARIO

el antepasado – ancestor

la calavera – skull

compartir – to share

el difunto – deceased

el homenaje – tribute

las monedas de oro – gold coins

el nacimiento – birth

la riqueza – wealth

se casó – (she) got married

los seres queridos – loved ones

tanto es así que – so much so

tener éxito – to be successful

los valores – values

los vecinos – neighbors

los villancicos – Christmas carols

Fuentes: Consejo de la Comunicación del Gobierno mexicano, *Diario de Yucatán*, Televisa.

VOCES LATINAS

Mi fiesta favorita

EN RESUMEN

¿QUÉ HAS APRENDIDO?

Situación

Encuentra a la persona de tus sueños
You just registered on Match.com and want to find the person of your dreams.

LEARNING OUTCOMES

	ACTION

Describe physical characteristics and personality traits

3.1 Write a brief description of yourself including your physical characteristics and your personality traits.

> Mi nombre es...   Soy...

Ask and say what people are like

3.2 From all the people that have responded, one caught your attention. Call your best friend and describe this person to her/him.

Describe family members, express possession and talk about everyday activities

3.3 Your special person wrote back and asked you about your family and your interests. This person wants to know more about you before you two meet in person. Write to this person and describe your favorite things to do, and what your family is like.

📎 Adjuntar archivos	📷 Adjuntar fotos	Enviar ☐ Responder
Escribe un comentario:		☺

Talk about clothes and talk about everyday activities

3.4 Your special person and you are going to meet tonight for the first time. Call your best friend and ask her/him for advice about what to wear, what to talk about, etc. Your partner will ask you questions about what you know of him/her so far. Use the following questions as a guide: *¿Cómo es? ¿De dónde es? ¿Cuántos años tiene? ¿Estudia o trabaja? ¿Qué llevo? ¿Por qué? ¿De qué hablo?*

Modelo: E1: Tengo una cita con... y estoy nervioso/a.

LISTA DE VOCABULARIO

La familia Family

la abuela grandmother
el abuelo grandfather
la esposa wife
el esposo husband
la hermana sister
el hermano brother
los hermanos siblings
la hija daughter
el hijo son
los hijos children
la madrastra stepmother
la madre mother
la medio hermana half sister
el medio hermano half brother
la nieta granddaughter
el nieto grandson
el padrastro stepfather
el padre father
los padres parents
el/la primo/a cousin
la sobrina niece
el sobrino nephew
la tía aunt
el tío uncle

Verbos Verbs

abrir to open
aprender to learn
asistir to attend
beber to drink
comer to eat
discutir to argue
escribir to write
leer to read
llevar to wear
tener to have

tener… años to be… years old
tener calor to be warm
tener frío to be cold
tener hambre to be hungry
tener sed to be thirsty
tener sueño to be sleepy
ver to see
vivir to live

La ropa Clothes

el abrigo coat
la bota boot
la bufanda scarf
el calcetín sock
la camisa shirt
la camiseta t-shirt
la chaqueta jacket
el cinturón belt
la corbata tie
la falda skirt
la gorra baseball cap
los jeans jeans
los pantalones pants
la ropa interior underwear
las sandalias sandals
el suéter sweater
los tenis sneakers
el traje suit
el vestido dress
los zapatos de tacón high-heeled shoes

Las descripciones Descriptions

abierto/a outgoing
aburrido/a boring
amable friendly
antipático/a disagreeable
alto/a tall

bajo/a short (height)
calvo bald
castaño/a light brown
claro/a light (in color)
corto/a short (length)
delgado/a thin
divertido/a fun
feo/a unattractive
fuerte strong
gordo/a, con sobrepeso overweight
grande big, large
guapo/a attractive
hablador/a talkative
inteligente intelligent
joven young
largo/a long (length)
liso straight
maleducado/a rude
mayor old
moreno/a dark brown, brunette
oscuros dark
pelirrojo/a red hair, redhead
pequeño/a small, little
rizado curly
rubio/a blonde
simpático/a likeable
tímido/a shy
trabajador/a hard-working
vago/a lazy

Otras características Other characteristics

barba beard
bigote mustache
las gafas eyeglasses
los lentes eyeglasses

4
EL DÍA A DÍA

Hablamos de…	Vocabulario y comunicación	¡En vivo!	Gramática	Destrezas	Sabor latino	En resumen
• Los planes	• **Los días de la semana:** Asking and giving the time • **Las profesiones:** Talking about everyday activities	• **Episodio 4 Problemas de horarios:** Observing details	• Stem-changing verbs *e ➡ ie*, *o ➡ ue*, and *e ➡ i* • Verbs *hacer* and *salir* • Reflexive verbs	• **Los hispanos y su día a día** – **Comprensión de lectura:** Focusing on specific information – **Expresión escrita:** Collaborating with others – **Interacción oral:** Creating an activity chart	• **Vivir en Argentina**	• **Situación:** Crea un horario y administra el tiempo • Vocabulario
	Pronunciación					
	• The sound of *b* and *v*					

Tiene sueño pero es hora de levantarse.

- ¿Dónde están estas personas?
- ¿Es por la mañana o por la noche?
- ¿Están tristes o contentas?
- Y tú, ¿estás más contento/a por la noche o por la mañana?

LEARNING OUTCOMES

By the end of this unit, you will be able to:

- Ask and give the day and time
- Describe daily routines and everyday activities
- Talk about professions
- Make plans

4.1 Look at the image below of friends making plans. Then choose the text that best describes the image.

Texto a

En la fotografía puedes ver a dos muchachos, uno rubio y otro moreno, y a dos muchachas morenas. Una de las muchachas lleva un vestido corto. La otra muchacha lleva unos tenis rojos.

Texto b

En la fotografía aparecen dos muchachas y dos muchachos. Los dos muchachos llevan camisetas y pantalones largos. El muchacho rubio lleva sandalias.

Texto c

La fotografía representa a unos amigos. Las dos muchachas llevan falda. El muchacho de la camiseta azul lleva barba. El otro muchacho lleva lentes.

4.2 Listen to the conversation. Then write the name of the person described in each of the statements below.

Daniel: ¿Qué les parece si hacemos un poco de deporte?
Lucía: Yo tengo mucho sueño. Me levanto todos los días a las siete de la mañana.
Andrés: Yo no puedo ir. Los miércoles trabajo por la noche en la biblioteca y me acuesto muy tarde.
Candela: ¿A qué hora?
Andrés: A las dos de la mañana. No es fácil, pero mi clase los jueves empieza a las once.
Candela: Yo, en cambio, me despierto a las nueve y llego siempre tarde a clase.
Daniel: Muchachos... Parecemos cuatro abuelos. Mi abuelo, que es médico, trabaja todo el día y no se queja como ustedes.
Candela: Es verdad. Mi madre es profesora y siempre encuentra tiempo para hacer deporte.
Daniel: Entonces, ¿por qué no quedamos mañana?
Lucía: Está bien, no me quejo más. ¿Quedamos a las cuatro?
Daniel: Bárbaro. ¿Dónde quedamos?
Candela: Podemos quedar en la puerta de la residencia.
Andrés: Chévere. Entonces... quedamos a las cuatro en la puerta.

a. Es médico. ....

b. Se despierta siempre muy temprano. ....

c. Trabaja todos los miércoles. ....

d. Su clase empieza a las once. ....

e. Es profesora. ....

f. Llega tarde a clase. ....

4.3 Listen again to the conversation and focus on the use of the following two verbs that may look similar but have different meanings. Match each one to its correct meaning.

1. quejarse
2. quedar

a. used to set up a time or place for meeting up with friends
b. used to say that you can do something
c. means to complain

4.4 Match the image to the correct description. Then with a partner, write a description for the images that are not used.

Las partes del día:

la mañana   el mediodía

la tarde

la medianoche

la noche

In countries like Chile, Venezuela and Ecuador, *la tarde* begins at 12:01 p.m.

1. ☐ Se levanta a las seis en punto.
2. ☐ Estudia en la biblioteca hasta las dos.
3. ☐ Queda con amigos a las dos y media de la tarde.
4. ☐ Hace deporte a las cinco.
5. ☐ Mira la televisión a las ocho.
6. ☐ Se acuesta a las diez y diez.

Algunas actividades:
– caminar a — With feet
– estudiar
– comer
– hablar con
– descansar (done for fun) to stroll
– pasear por — With feet, car, etc
– escuchar
– ver la televisión

4.5 With a partner, take turns asking each other what you do at the following times.

Modelo: E1: ¿Qué haces a las diez de la mañana?   E2: Estudio en la biblioteca.

a. nueve de la mañana   b. doce del mediodía   c. cuatro de la tarde   d. nueve de la noche

📋 **APUNTES: ¿Qué prefieren hacer algunos jóvenes argentinos en su tiempo libre?**

✓ El 40% de las personas dedica entre 1 y 3 horas diarias al tiempo libre, según una encuesta realizada por la Universidad Argentina de la Empresa.

✓ El 40% prefiere pasar ese tiempo en familia. Solo el 10% dice mirar televisión.

✓ Las mujeres dedican más tiempo diario al ocio que los hombres.

✓ Los hombres muestran mayor preferencia que las mujeres a hacer deporte o mirar televisión.

✓ Los más jóvenes prefieren hacer salidas sociales o dedicar el tiempo libre a sus aficiones.

✓ Después de los 45 años y, en especial, de los 60 años, el tiempo dedicado al ocio aumenta.

Fuente: Observatorio de Opinión Pública del Instituto de Ciencias Sociales de la Universidad Argentina de la Empresa (UADE)

1.A VOCABULARIO: LOS DÍAS DE LA SEMANA

4.1 Listen to the days of the week. What differences do you find?

marzo						
lunes	martes	miércoles	jueves	viernes	sábado	domingo
1	2	3	4	5	6	7
8	9	10	11	12	13	14
15	16	17	18	19	20	21
22	23	24	25	26	27	28
29	30	31				

» Most calendars in Spanish begin with Monday, not Sunday.
» The days of the week, like the months, are written in lower-case.
» Use the definite article, **el**, before the days of the week to say *on Monday, on Tuesday…*
   Mi cumpleaños es **el lunes**. *My birthday is on Monday.*
» In the plural, the days of the week express the idea of doing something regularly.
   Tengo clase de música **los sábados**. *I have music lessons on Saturdays.*
» The definite article, **el**, is not used when stating what day of the week it is.
   Hoy es **domingo**. *Today is Sunday.*
» Use **el fin de semana** to express *weekend* in Spanish.
   Los fines de semana estudio en casa. *On weekends, I study at home.*

4.2 Using the calendar above, practice saying a date to your partner. He/She will respond with the day of the week.

Modelo: E1: ¿Qué día de la semana es el cuatro de marzo?   E2: Es jueves.

4.3 Read the conversation between Olga and her friend, Iván. Then complete the chart below with Ivan's activities.

los is used to replace on.

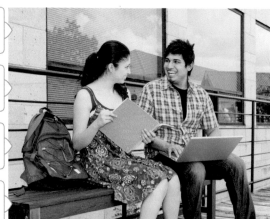

Iván, ¿cuándo estudias español?

¿Cuándo ves televisión?

¿Cuándo navegas por Internet?

¿Cuándo tienes clase de baile?

Los martes y los jueves por la mañana.

Normalmente los sábados por la tarde.

Por la tarde, todos los días.

Por la tarde, los lunes y miércoles.

navegar por Internet • estudiar español • tener clase de baile • ver televisión

In some Spanish calendars, **X** replaces **M** as the abbreviation for **miércoles**. Why do you think this is?

	L	M	X	J	V	S	D
9:00 - 2:00		Español		Español			
3:00 - 11:00	baila	Internet	baila	internet	internet	tele	internet

4.4

With a partner, ask each other where you are on the following days and times during the week.

> Modelo: E1: ¿Dónde estás los lunes a las ocho de la mañana?
>
> E2: Estoy en casa.

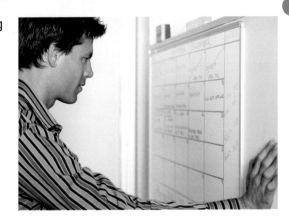

a. los viernes a las cuatro de la tarde

b. los sábados a las diez de la mañana

c. los jueves a las once de la mañana

d. los domingos por la mañana

e. los sábados por la noche

f. los martes a las doce del mediodía

4.5

Answer the following questions. Then tell your partner when you do these things.

> Modelo: Estudio español los martes antes de clase, ¿y tú?

a. ¿Cuándo estudias español?

b. ¿Cuándo navegas por Internet?

c. ¿Cuándo ves la televisión?

d. ¿Cuándo tienes clase de baile / música / zumba / *spinning*…?

4.6

Read the following conversation that takes place during a campus visit. Then with a partner, complete the chart with the expressions in boldface according to their use.

Guía: Hola a todos, gracias por venir a conocer nuestra universidad. Comenzamos en el centro del campus. Aquí tenemos la mayoría de los servicios: las tiendas, la secretaría universitaria y la biblioteca.

Alberto: ¿Y qué más hay?

Guía: Bueno, también hay un banco que abre **de lunes a viernes de ocho y cuarto de la mañana a dos de la tarde** y **los jueves por la tarde** en horario **de cuatro y media a ocho menos cuarto**. Está la cafetería, que abre **de lunes a domingo, desde las siete de la mañana hasta las once de la noche**. Y también tenemos un cine.

Inés: ¿Y **qué días** hay películas?

Guía: Solo **los viernes por la noche**.

Alberto: ¿La biblioteca dónde está? **¿Qué horario tiene?**

Guía: Es ese edificio blanco; abre **de lunes a viernes de ocho y cuarto de la mañana a doce de la noche** y **los sábados por la mañana**. Bueno, vamos a visitar la residencia universitaria…

Preguntar sobre horarios	Partes del día	Espacio de tiempo

4.7

With a partner, complete the schedule for the following buildings on your campus. Then compare your schedule with another pair. Did you have similar times?

	Días de la semana	Horarios	Parte del día
la biblioteca	de .... a	de .... a	por la ....
la cafetería			
la clínica			
las oficinas del decano			

The 24-hour clock is used for schedules and official timekeeping in most Spanish-speaking countries.

Son las 22:00 h.

Es

la una.

la una **y** cinco.

la una **menos** veinte.

las tres (**en punto**).

Son

After the hour

las dos **y** cinco.

las dos **y cuarto**.

las dos **y media**.

Before the next hour

las tres **menos** veinticinco.

las tres **menos cuarto**.

las tres **menos** cinco.

» To ask the time, use:
- ¿**Qué hora es**?
- **Es la** una y cuarto. / **Son las** cinco.

» To ask at what time an activity takes place, use:
- ¿**A qué** hora cenas?
- **A las** siete.

4.8 Indicate the times shown on the digital clocks below.

`06:00`

Son las seis

`07:10`

Son las siete y diez.

`03:40`

Son las tres y cuarenta.

`05:40`

Son las cinco y cuarenta.

4.9 Listen to the conversations and fill in the missing words.

a. **Sara:** ¿A qué .... te levantas?
Javier: Me levanto a las siete ....
Sara: Es muy pronto, ¿no?

b. **Jesús:** ¿Quieres ir al cine Patio esta ....?
Marta: Sí, genial. ¿A qué hora quedamos?
Jorge: Quedamos a las ocho y .... en la puerta del cine.

c. **Cristina:** ¿A qué hora quedamos?
Begoña: A .... una .... veinte.
Cristina: Vale.

4.10 With a partner, make plans to do some sightseeing in Buenos Aires. Prepare a conversation similar to the ones above and present it to the class. *¡Atención!* You must agree on a day and time to meet using the information in the guide.

Modelo: E1: ¿Quieres ir al Planetario Galileo Galilei el martes?

E2: Chévere. ¿A qué hora quedamos?

Planetario Galileo Galilei
Proyecciones:
MARTES A VIERNES: 13:00 y 16:00 h.
SÁBADOS Y DOMINGOS: 14:00, 17.30 y 18.30 h.

ATENCIÓN 7 y 8 de noviembre Planetario cerrado al público

Museo de Arte Latinoamericano de Buenos Aires (MALBA)
Horario:
Jueves a lunes y feriados: 12:00 a 20:00 h.
Martes: cerrado
Miércoles: 12:00 a 21:00 h.

Teatro Colón
Horario de funciones:
De miércoles a viernes a las 20:30 h.
Sábados a las 18:00 y 20:00 h.
Domingos a las 14:30 h.

2.A VOCABULARIO: LAS PROFESIONES

4.11 Fill in the blanks under each image with the appropriate profession from the list. *¡Atención!* Remember to use the correct form of the noun to show agreement with the person in the image. Then listen to the audio to check your answers.

mesero/a • bombero/a • enfermero/a • profesor/a • médico/a • cocinero/a
mecánico/a • veterinario/a • programador/a

a ....

b ....

c ....

d ....

e ....

f ....

g ....

h ....

i ....

4.12 With a partner, guess at the words for the following professions in Spanish. Use the *Modelo* as a guide. What conclusions can you draw about the forms of these professions?

Modelo: tenis ▶ el/la tenista

fútbol ▶ .... piano ▶ ....
diente ▶ .... flor ▶ ....
taxi ▶ .... arte ▶ ....

4.13 Talk to your partner about the professions of people you know and the professions you are considering for the future.

Modelo: Mi hermano es bombero. Yo quiero ser…

4.14 Match the following professionals to their workplace. Then to check your answers, take turns with a partner asking each other where these people work.

¿Dónde trabajan...?

a. los bomberos   **c.** los meseros   **e.** los veterinarios   **g.** los recepcionistas

b. los médicos   **d.** los cocineros   **f.** los actores / las actrices   **h.** los programadores

Trabajan en...

1 el hotel

2 la cocina

3 el hospital

4 la clínica veterinaria

5 el departamento de bomberos

6 el teatro, el cine

7 la oficina

8 el restaurante

computadora = ordenador (España)
mesero/a = camarero/a (España)

4.15 Look at the following list of activities that people have to do as part of their jobs. Then take turns with a partner asking each other who has to do each activity.

a. apagar fuegos *(fires)*

b. contestar el teléfono

c. cuidar *(care for)* a los enfermos / a los animales

d. crear programas en la computadora

e. hacer películas *(movies)*

f. servir cafés, refrescos...

g. preparar comidas

h. dar clases

Modelo: E1: ¿Quién tiene que apagar fuegos?

       E2: El bombero o la bombera.

≫ Use the expression **tener** + **que** + **infinitive** to talk about the things you and others have to do.

Tengo que hacer deporte. *I have to play sports.*
Tienes que trabajar. *You have to work.*
Tenemos que estudiar. *We have to study.*

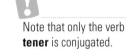 Note that only the verb **tener** is conjugated.

4.16 Choose two of the following professions and role play with a partner. Take turns asking each other about your jobs. Use the following questions.

Modelo: E1: ¿A qué te dedicas?
E2: Soy médica.
E1: ¿Dónde trabajas?
E2: Trabajo en el hospital.
E1: ¿Qué tienes que hacer?
E2: Tengo que cuidar a los enfermos.

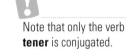 ¿A qué te dedicas? / ¿En qué trabajas? / ¿Qué haces? *(job-related)*

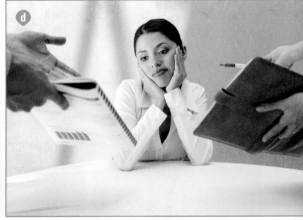

4.17 Create an identity for one of the people above and complete his/her information card below. Include any interesting information about the person's life. Be creative.

Nombre ▶ ....
Apellidos ▶ ....
Edad ▶ ....
Nacionalidad ▶ ....
Ciudad de residencia ▶ ....

Profesión ▶ ....
Lugar de trabajo ▶ ....
Idioma ▶ ....
Más información ▶ ....

Asking personal information:
- ¿**Cómo** te llamas?
- ¿**En qué** trabajas?
- ¿**Cuántos** años tienes?
- ¿**De dónde** eres?
- ¿**Dónde** vives?
- ¿**Qué** lenguas hablas?
- ¿**A qué** te dedicas?

4.18 Take turns interviewing your partner to discover his/her new identity. What did you learn? Write a brief summary about the person.

Todos los días... *Everyday...*

...me levanto a las ocho.   *...I get up at eight o'clock.*

...desayuno.   *...I have breakfast.*

...almuerzo en casa.   *...I have lunch at home.*

...ceno con mis padres.   *...I have dinner with my parents.*

Por la mañana... *In the morning...*

...me ducho antes de desayunar.   *...I shower before having breakfast.*

...hago la cama.   *...I make my bed.*

...estudio en la universidad.   *...I study at school.*

Use **por** or **en** to give an approximate time.

- **Por** la mañana.
  (Sometime) In the morning.
- **En** la mañana.

Por la tarde... *In the afternoon...*

...hago deporte.   *...I play sports.*

...hago la tarea.   *...I do my homework.*

Por la noche... *At night...*

...ceno.   *...I have dinner.*

...me acuesto tarde.   *...I go to bed late.*

4.19 Look at what Jorge does most days. Then, match the actions to the correct images.

1. Cena con sus padres.
2. Se levanta pronto.
3. Hace deporte.

4. Se acuesta a las diez de la noche.
5. Se viste.
6. Estudia en la universidad.

4.20 Listen to Jordi Labanda, a well-known Spanish illustrator, talk about a typical day for him. Indicate during what part of the day he does the following things.

	Por la mañana	Por la tarde	Por la noche
a. Escucha música.	☐	☐	☑
b. Hace sus dibujos en su estudio.	☐	☑	☐
c. Tiene una reunión de trabajo.	☑	☐	☐
d. Almuerza muy tarde.	☐	☑	☐
e. Se acuesta.	☐	☐	☑
f. Desayuna y empieza a trabajar.	☑	☐	☐
g. Lee un poco.	☐	☐	☑
h. Cena en casa.	☐	☐	☑

4.21 Take turns asking each other about Jordi's day and check your answers to Activity 4.20. Remember to use *cuándo* to ask when.

4.22 Answer the following questions about yourself. Then, tell your partner what is typical for you.

a. ¿Qué haces por la mañana?
b. ¿Haces deporte todos los días?
c. ¿Dónde estudias, en casa, en la biblioteca…?
d. ¿Dónde almuerzas, en casa, en la universidad…?
e. ¿Con quién cenas, con tus padres, con tus amigos…?

PRONUNCIACIÓN

THE SOUND OF *B* AND *V*

4.1 Listen to the following words and repeat after the speaker.

a. **Ba**rcelona, sa**be**r, **bi**blioteca, **bo**lígrafo, **bu**eno.
b. **Va**lencia, **ve**inte, **vi**vir, **vo**sotros, **vu**estro.

> In Spanish, the letters **b** and **v** have the same sound, as the **b** in *boy*.

4.2 Fill in the blanks with *b* or *v* to complete the spelling of these words you already know. Then practice saying them aloud with a partner.

a. be.......er
b. vi.......ir
c. e.......aluación
d. escri.......es
e. vol.......emos
f. ....iblioteca
g. ha.......lar
h. ....einte
i. ....ien
j. ....erde

4.3 Look at Daniel's after-school activities. Fill in the blanks with *b* or *v* to complete his schedule.

L
– Ir a clases de ....aile.
– ....er mi serie de tele.......isión fa.......orita.

M
– Lle.......ar al perro al ....eterinario.
– Estudiar ....iología por la noche.

X
– Partido de ....aloncesto.
– Escri........ir un correo a Tomás.

J
– Tra......ajar unas horas en la ......i.....lioteca.
– Ir al cine con Ja........ier.

V
– Jugar al fút........ol.
– Na........egar por Internet.

ANTES DEL VIDEO

4.1 In small groups, share and discuss your answers to the following questions.

a. ¿Cuáles son tus horarios de clase?

b. ¿A qué hora empiezas las clases todos los días?

c. ¿Crees que es muy pronto?

d. ¿Tienes las tardes libres o tienes alguna actividad o tarea?

e. ¿Cuántas tardes libres tienes a la semana?

f. ¿A qué hora se levanta tu familia?

g. ¿Practicas algún deporte? ¿Qué días de la semana y a qué hora?

4.2 Look at the images and select the best option according to what you think is going to occur.

a. La casa está bastante **ordenada / desordenada**.

b. Los muchachos están **muy contentos / un poco enfadados**.

c. Los muchachos tienen **unos papeles en las manos / sus celulares en las manos**.

d. Están **en su casa / en la cafetería de la universidad**.

e. Lo que leen es algo **muy agradable / muy aburrido**.

DURANTE EL VIDEO

4.3 Watch the entire episode and indicate the correct option for each of the characters.

Actividades de Juanjo

1. Empieza las clases…
a. todos los días a las diez.
b. los lunes, martes y jueves a las diez.
c. los lunes, miércoles y viernes a las diez.

2. Los miércoles y viernes…
a. se levanta a las siete.
b. se levanta a las diez.
c. se levanta a las ocho.

3. Los martes por la tarde…
a. estudia.
b. juega al fútbol.
c. va al gimnasio.

4. Queda con los amigos…
a. los sábados.
b. los lunes por la tarde.
c. los miércoles por la noche.

Actividades de Alfonso

1. Tiene clases…
a. de lunes a viernes a las nueve.
b. de lunes a viernes a las ocho y media.
c. de lunes a viernes a las ocho.

2. Todos los días se levanta…
a. a las siete de la mañana.
b. a las ocho de la mañana.
c. a las siete y media de la mañana.

3. Por las tardes…
a. trabaja para ayudar a sus padres.
b. va al gimnasio.
c. estudia y hace la tarea.

4.4 Watch the episode again and fill in the missing words.

a. La madre de Juanjo es .... y trabaja en un hospital.

b. El padre de Alfonso es ....

c. El padre de Alfonso se despierta a las ....

d. La madre de Juanjo se levanta a las ....

4.5 Take another look at the images and match the sentences below to the appropriate image.

⚙ ESTRATEGIA

Observing details
Improve comprehension by observing the surroundings and other accompanying details of a scene. Watch the episode with the volume off and focus on the details you might otherwise miss. The details you observe will help you to understand the situation and the context in which it unfolds.

a. Juanjo lee los horarios de clase.

b. Alfonso se ríe porque Juanjo juega al "Mario Kart".

c. Juanjo le da un lápiz a Alfonso.

d. Hay una maleta encima de la cama.

e. Se ve una mesilla blanca.

f. Los muchachos leen sus horarios de clase.

4.6 Indicate what is true for you. Then share your responses with a partner. Which of you helps out more? Which one has the busier schedule?

a. Hago algunas tareas de la casa.

b. Algunas veces hago la compra.

c. Hago la cama todos los días.

d. Ayudo a mi familia en las tareas diarias.

e. Los horarios de clase son horribles.

f. Algunos días a la semana hago deporte.

DESPUÉS
DEL VIDEO

4.7 In small groups, answer the questions and exchange opinions.

a. ¿Crees que los muchachos tienen realmente unos horarios horribles?

b. ¿Crees que los jóvenes actualmente tienen demasiadas obligaciones?

c. ¿Qué es más importante, tu vida académica y/o profesional o tu vida personal y tus aficiones?

GRAMÁTICA

1. STEM-CHANGING VERBS *E ▶ IE*, *O ▶ UE*, AND *E ▶ I*

» In Spanish, some verbs have an irregular stem in the present tense. The vowel in the last syllable of the stem changes from **e ▶ ie**, **o ▶ ue**, and **e ▶ i** in all forms except **nosotros/as** and **vosotros/as**. Look at the verb charts below to see examples of these types of verbs.

» **E ▶ IE**. The –**e**– in **empezar** changes to –**ie**– in all forms but **nosotros/as** and **vosotros/as**.

EMPEZAR *(to start, begin)*			
yo	emp**ie**zo	nosotros/as	empezamos
tú	emp**ie**zas	vosotros/as	empezáis
usted/él/ella	emp**ie**za	ustedes/ellos/ellas	emp**ie**zan

Mis clases **empiezan** *a las ocho.*
My classes start at eight o'clock..
¿A qué hora **empiezas** *la tarea?*
What time do you begin your homework?

» Other verbs that stem change from **e ▶ ie**:

cerrar *to close*	*La tienda* **cierra** *a las diez.* The store closes at ten o'clock..
entender *to understand*	*Ustedes* **entienden** *español.* You (all) understand Spanish.
pensar *to think*	*Yo* **pienso** *que es verdad.* I think it's true.
preferir *to prefer*	*Tú* **prefieres** *el color azul.* You prefer the color blue.
querer *to want (to do something)*	*Los estudiantes* **quieren** *descansar.* The students want to rest.

» **O ▶ UE**. The –**o**– in **volver** changes to –**ue**– in all forms but **nosotros/as** and **vosotros/as**.

VOLVER *(to return)*			
yo	v**ue**lvo	nosotros/as	volvemos
tú	v**ue**lves	vosotros/as	volvéis
usted/él/ella	v**ue**lve	ustedes/ellos/ellas	v**ue**lven

Yo **vuelvo** *a casa a las cuatro.*
I return home at four o'clock.
Mi padre **vuelve** *a casa a las seis.*
My father returns home at six o'clock.

» Other verbs that stem change from **o ▶ ue**:

almorzar *to have lunch*	*Yo* **almuerzo** *a las doce.* I have lunch at twelve o'clock.
dormir *to sleep*	*Los estudiantes* **duermen** *mucho.* The students sleep a lot.
encontrar *to find*	*Ellos* **encuentran** *una excusa para dormir más.* They find an excuse to sleep more.
poder *to be able to, can*	*Ellos* **pueden** *quedar a las cinco.* They can meet up at five o'clock.

» **E ▶ I**. The –**e**– in **servir** changes to –**i**– in all forms but **nosotros/as** and **vosotros/as**.

SERVIR *(to serve)*			
yo	s**i**rvo	nosotros/as	servimos
tú	s**i**rves	vosotros/as	servís
usted/él/ella	s**i**rve	ustedes/ellos/ellas	s**i**rven

● *¿Qué* **sirven** *en la cafetería?*
What do they serve in the cafeteria?
● **Sirven** *pizza.*
They serve pizza.

» Other verbs that stem change from **e ▶ i**:

pedir *to ask for, to order*	**Pido** *pizza por teléfono.* I order pizza on the phone.
repetir *to repeat*	*La profesora* **repite** *la tarea.* The teacher repeats the homework.

4.1 Ask your partner about his/her preferences.

Modelo: E1: ¿Qué prefieres, un café o un refresco?

E2: Prefiero un refresco.

a. Matemáticas o Historia

b. el fútbol o el fútbol americano

c. un sofá o una silla

d. una casa o un apartamento

e. estudiar en casa o estudiar en la biblioteca

f. comer en McDonald's o comer en Taco Bell

4.2 Describe what the following people do using each of the verbs in parenthesis. Then take turns reading your sentences aloud to your partner.

Modelo: Mi padre (volver a casa a las tres, almorzar en casa)

Mi padre vuelve a casa a las tres. Almuerza en casa.

a. tú (empezar temprano, dormir poco por la mañana, pedir agua para beber)

b. nosotros (entender la tarea, almorzar en la cafetería, volver a casa a las tres)

c. Maribel (querer vivir en la ciudad, poder tener un perro en casa, preferir viajar en carro)

d. los estudiantes (poder bailar en clase, repetir después de la profesora, cerrar los libros)

4.3 Using the sentences in Activity 4.2, tell your partner whether you do the same things. If you don't do the activity, use *no* before the verb.

Modelo: Yo vuelvo a casa a las tres. No almuerzo en casa.

2. VERBS *HACER* AND *SALIR*

» Some verbs in Spanish are irregular only in the **yo** form.

	HACER *(to do, to make)*	**SALIR** *(to go out, to leave)*
yo	**hago**	**salgo**
tú	haces	sales
usted/él/ella	hace	sale
nosotros/as	hacemos	salimos
vosotros/as	hacéis	salís
ustedes/ellos/ellas	hacen	salen

Siempre salgo tarde del trabajo.

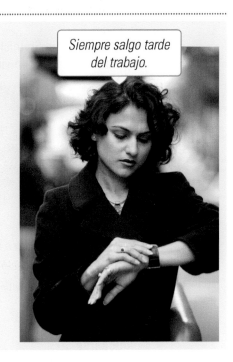

*Yo **salgo** con mis amigos los sábados.*
I go out with my friends on Saturdays.

*¿Cuándo **sales** con tus amigos?*
When do you go out with your friends?

*Yo **hago** la cama todos los días.*
I make my bed every day.

4.4 _____ Fill in the blanks with the correct form of *hacer* or *salir* to describe what the following people do.

a. Patricia _sales_ con sus amigos.

b. Nosotros _hacemos_ la cena todas las noches.

c. Los domingos yo _salgo_ a correr por el parque.

d. Yo _salgo_ con mi perro a pasear.

e. Roberto _hace_ la tarea en su computadora.

f. El padre y el hijo _hacen_ la cama.

4.5 _____ Take turns asking your partner if he/she does some of the same things as the people above. Use the correct form of *hacer* or *salir* in the questions below.

a. ¿ _Sales_ con tus amigos?

b. ¿ _Haces_ la cama?

c. ¿ _Sales_ con tu perro a pasear?

d. ¿ _Haces_ la tarea en tu computadora?

e. ¿ _Sales_ a correr los domingos?

f. ¿ _Haces_ la cena todas las noches?

3. REFLEXIVE VERBS

» A reflexive verb requires a reflexive pronoun (**me**, **te**, **se**, **nos**, **os**, **se**) that refers the action of the verb back to the person doing the action, the subject. In Spanish, reflexive verbs are often verbs used to describe actions related to personal care and daily routines. That is, actions that you do for yourself.

Yo **me levanto**. *I get up (physically, by myself).* Yo **me ducho**. *I shower (myself).*

» Reflexive verbs in Spanish have regular –**ar**, –**er** or –**ir** endings. Some verbs will have a stem change. Look at the forms of the following reflexive verbs.

	LEVANTARSE (to get up)	**DESPERTARSE** (to wake up)	**ACOSTARSE** (to go to bed)	**VESTIRSE** (to get dressed)
yo	me levanto	me desp**ie**rto	me ac**ue**sto	me v**i**sto
tú	te levantas	te desp**ie**rtas	te ac**ue**stas	te v**i**stes
usted/él/ella	se levanta	se desp**ie**rta	se ac**ue**sta	se v**i**ste
nosotros/as	nos levantamos	nos despertamos	nos acostamos	nos vestimos
vosotros/as	os levantáis	os despertáis	os acostáis	os vestís
ustedes/ellos/ellas	se levantan	se desp**ie**rtan	se ac**ue**stan	se v**i**sten

Mi madre **se acuesta** a las doce. *My mother goes to bed at twelve o'clock.*

Me visto antes de desayunar. *I get dressed before having breakfast.*

Nos despertamos tarde. *We wake up late.*

» Other reflexive verbs:

ducharse *to shower* **bañarse** *to take a bath* **quejarse** *to complain*

4.6 _____ Fill in the blank with the correct reflexive pronoun. *¡Atención!* Remember that the reflexive pronoun and the form of the verb refer to the same subject (or person).

a. ¿A qué hora .... despiertan?

b. ¿A qué hora .... levantas?

c. ¿A qué hora .... acostamos?

d. ¿A qué hora .... ducha tu hermana?

4.7 _____ Write out the answers to the questions above. *¡Atención!* Remember to conjugate the infinitives and use the correct reflexive pronouns.

a. Yo / levantarse / a las ocho. ....

b. Mi hermana / ducharse / a las siete y media. ....

c. María y tú / despertarse / a las ocho y media. ....

d. Nosotros / acostarse / a las diez y media. ....

4.8 _____ Look at Rosa's schedule for the day. With a partner, take turns saying what she does and when.

Modelo: Rosa se levanta a las siete y cuarto.

> Use **de… a…** to talk about a period of time.
> - Tiene clase **de dos a tres** de la tarde.

Martes, 4 de abril	
7:15	Levantarme.
7:15 - 7:25	Ducharme en diez minutos, ¡no más tiempo!
7:30	Vestirme rápido.
7:45	Desayunar con mamá.
8:10	Tomar el autobús.
8:30 - 14:00	Trabajo, ¡no puedo llegar tarde!
14:30	Almorzar con las muchachas en la cafetería de la universidad.

Important

Martes, 4 de abril	
15:30 - 17:00	Clase de Marketing, ¡qué aburrido!
17:30 - 19:00	Clase de Inglés II.
20:00	Clase de Zumba en el gimnasio. Si no estoy muy cansada.
21:30	Cena con Jenny y Marta.
22:30	En casa, serie *Escándalo*, ¡tengo que ver el último episodio!
24:00	Acostarme.

Important

4.9 _____ Prepare a similar description about your day. Then take turns with a partner asking each other about what you do and when.

¿A qué hora te levantas?

Me levanto a las siete.

¿Qué haces después?

VIDEOCLASES
7 Y **8**

DESTREZAS

1. COMPRENSIÓN DE LECTURA

4.1   Look at the title of the article you will be reading. What do you think it's about?

4.2   Read the article. What type of information is presented and in what format?

⚙ ESTRATEGIA

Focusing on specific information

Familiarize yourself with the text by first reading the title and subtitle. Then glance at the text to see if there is a specific type of information presented. This will help you concentrate on the information you need to complete the task.

Los hispanos y su día a día

Según una encuesta del Centro Superior de Sociología, el 56% de los españoles se levanta pronto por la mañana. Solo un 32% sale de noche todos los días. Muy pocos españoles van a los toros *(bullfights)*, el 14%. El 62% ve la televisión por la noche.

Un 34% de los españoles va todas las semanas al cine. La siesta se practica en España, pero pocos españoles duermen todos los días la siesta, solo un 22%. Los españoles viajan bastante todos los fines de semana, un 58%, y un porcentaje similar practica algún deporte. Eso sí, nadie cena muy pronto, nunca antes de las ocho de la tarde, en eso no han cambiado las costumbres.

Por otra parte, los mexicanos destacan *(stand out)* entre los ciudadanos más felices, según otro estudio. De él se deduce que una de las claves *(keys)* de la felicidad es el contacto entre las personas. El 77% de las personas entrevistadas coincide en que el contacto diario con padres y familiares es una fuente *(source)* de felicidad. El 39% considera que una de las cosas más placenteras del día es salir en la tarde con algún ser querido *(loved one)*; el 22% comer con la familia los domingos y el 17% hablar con amigos y compañeros. El 14% de los participantes señala que ver la televisión en la noche es una fuente de felicidad. El mundo virtual es importante, pero pocos mexicanos chatean con otra persona, el 5%. Y muy pocos mexicanos indican que recibir un mensaje en el celular les alegra, el 2%.

4.3   Read the first part of the article again and record the percentages gathered from the survey conducted in Spain for each of the following activities.

	%	La mayoría	Muchos	Pocos	Muy pocos	(Casi) nadie
a. Se levanta temprano.	☐	☐	☐	☐	☐	☐
b. Sale de noche todos los días.	☐	☐	☐	☐	☐	☐
c. Va a los toros.	☐	☐	☐	☐	☐	☐
d. Ve la televisión por la noche.	☐	☐	☐	☐	☐	☐
e. Va todas las semanas al cine.	☐	☐	☐	☐	☐	☐
f. Duerme todos los días la siesta.	☐	☐	☐	☐	☐	☐
g. Viaja todos los fines de semana.	☐	☐	☐	☐	☐	☐
h. Practica a menudo deporte.	☐	☐	☐	☐	☐	☐
i. Cena antes de las ocho de la tarde.	☐	☐	☐	☐	☐	☐

4.4 Look at the percentages you recorded in Activity 4.3 and decide what category (*la mayoría, muchos, pocos*, etc.) best describes the number of people who do the activity. Compare your answers with a partner.

4.5 Arrange the following activities in order of importance according to the information from the survey conducted in Mexico. Include the percentages. Then arrange the activities in order of importance for you. Discuss your answers in small groups.

%	Para los mexicanos	Para mí
	comer con la familia los domingos	
	tener contacto todos los días con padres y familiares	
	ver la televisión en la noche	
	recibir un mensaje en el celular	
	salir en la tarde con gente querida	
	hablar con amigos y compañeros	
	chatear con otra persona	

2. EXPRESIÓN ESCRITA

4.6 Think about where you live and the things people in your community do on average. You can focus on certain sectors such as families, students, workers, etc.

ESTRATEGIA

Collaborating with others

Collaborating and cooperating with others allows you to jump start the writing process. Share ideas with classmates in Spanish to practice the language and target the content you would like to develop in your writing.

Use the following expressions when writing an e-mail:

De: *From*
Para: *To*
Asunto: *Subject*
Querido/a: *Dear*
Chao / Adiós / Hasta luego: *Farewell (closing)*

4.7 Write an e-mail to a friend in Mexico and tell him/her what a normal day is like for most people in your city or state. Be sure to include the following.

– saludo
– explica qué hace la gente un día normal
– habla de las rutinas diarias y las actividades de tiempo libre
– pregúntale algo sobre su vida
– despedida

3. INTERACCIÓN ORAL

4.8 Prepare a talk to present to the class about your own day. Choose three of the four topics to address in your presentation. Use the questions as a guide.

ESTRATEGIA

Creating an activity chart

Preparing a list of information ahead of time about the things people do helps you organize your description and sequence activities effectively. Creating a chart provides the order you need to make the presentation flow more smoothly.

Mi vida diaria

– trabajos y estudios
– hábitos y costumbres
– tiempo libre
– comidas y horarios
– obligaciones

– ¿Qué haces?
– ¿A qué hora?
– ¿Qué día?
– ¿Qué tienes que hacer?

SABOR LATINO

Teatro Colón, Buenos Aires

VIVIR EN Argentina

Este país latinoamericano es famoso por el fútbol, el tango y sus hermosos paisajes*. Pero, ¿cómo son los muchachos que viven allí? Vamos a conocerlos...

Turistas en el glaciar Perito Moreno, en la Patagonia

Una muchacha tomando mate

LOS PORTEÑOS

Buenos Aires es la capital de Argentina. Está situada en la región centro-este del país. Tiene casi tres millones de habitantes, y alrededor de* doce si se tiene en cuenta el conurbano*. Como está junto al Río de la Plata y es un puerto importante, los habitantes de esta ciudad se llaman porteños. Debido a su arquitectura, se la conoce en el mundo como «La París de América».

UNA CIUDAD INTENSA

Buenos Aires ofrece una vida cultural intensa: es la ciudad con más teatros del mundo (más de ciento cincuenta), incluyendo el famoso teatro Colón, dedicado al ballet y a la música clásica.

Pero también, como todas las grandes ciudades, impone* un ritmo rápido y a veces peligroso. Es la cuarta ciudad más ruidosa del mundo, en gran parte debido al* tráfico en sus calles. Y es, según la Organización de los Estados Americanos (OEA), una de las ciudades con más robos del continente. «Los muchachos porteños somos curiosos, creo que

extrovertidos, pero también un poco desconfiados*», dice Tomás, un estudiante de informática de dieciocho años. «Tenemos cuidado al ir por la calle y estamos acostumbrados* a vivir con un poco de estrés», explica.

> **¿Cómo es la vida en tu ciudad? ¿Crees que hay mucho estrés en la ciudad donde vives? ¿Es similar o muy diferente al estrés en Buenos Aires?**

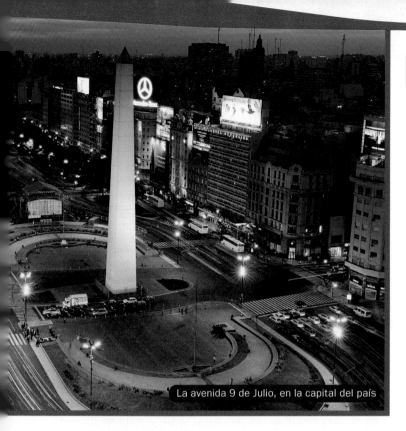

La avenida 9 de Julio, en la capital del país

LOS «NINI»

Al igual que en otros países como España o México, un porcentaje cercano al 17% de los jóvenes argentinos no estudia ni trabaja. Son la Generación Nini. En parte debido a la crisis económica, en parte debido a que todavía tienen mucho por aprender, la vida de los muchachos de entre trece y diecinueve años no es fácil. «Es uno de los grupos más vulnerables y frágiles, al que le cuesta bastante conseguir empleo, a veces debido a que algunos tienen escasa* experiencia laboral, calificación y nivel de instrucción», dice Victoria Mazzeo, de la Dirección General de Censos y Estadísticas del Gobierno de Buenos Aires. Sin embargo, uno de cada diez jóvenes estudia y trabaja a la vez. «Antes de empezar a trabajar, yo era un desastre en el colegio. Ahora me volví más responsable», dice Tomás Arana, un joven argentino de diecinueve años. Tomás está estudiando periodismo y tiene dos trabajos: niñero* y mesero. «Así, me pago mis gastos* y ayudo un poco en casa», explica.

> ¿Te parece difícil estudiar y trabajar al mismo tiempo? ¿Cuál es tu situación? ¿También estudias y trabajas?

LA VIDA DIARIA

La tecnología es un aspecto importante en la vida de los jóvenes argentinos. Más de la mitad pasa cuatro horas diarias conectado a Internet. «Ni bien llego a casa, enciendo la computadora», dice Raúl, de veinte años. «Primero escribo correos y actualizo* mis páginas en las redes sociales».
Nueve de cada diez argentinos afirma que la amistad es un aspecto esencial en sus vidas. El 49% de los jóvenes celebra el Día del Amigo el veinte de julio. «Mis amigos y yo nos vemos dos veces por semana, normalmente nos reunimos a tomar mate[1]», dice Julia, una joven de la provincia de Mendoza.

> ¿Usas Internet de forma similar a los jóvenes argentinos? ¿Qué haces cuando te conectas? ¿Qué haces cuando te reúnes con tus amigos?

[1] El mate es una infusión de hierbas típica de Argentina, Uruguay, Paraguay y Brasil. Se bebe en un recipiente hecho con una calabaza*, llamado mate, a través de una caña de metal, llamada bombilla.

ANSWER THE FOLLOWING QUESTIONS

a Después de leer este artículo, ¿te gustaría vivir en Buenos Aires? ¿Por qué?

b ¿Qué cosas tienes en común con los muchachos porteños que hablan en este artículo? ¿Y qué diferencias notas?

c ¿Estás acostumbrado a vivir con un poco de estrés? ¿Piensas que esto es algo positivo o negativo? ¿Por qué?

d Compara algunos aspectos de tu vida diaria con la de los argentinos.

VOCES LATINAS

Vivir en Buenos Aires

GLOSARIO			
acostumbrados – used to	**el conurbano** – metro area	**los gastos** – expenses
actualizo – I update	**debido a** – due to	**impone** – imposes
alrededor de – around	**desconfiados** – distrustful	**el niñero** – nanny
la calabaza – gourd	**escasa** – limited	**el paisaje** – landscape

Fuentes: *Clarín*, *La Nación*, TNS, Organización de los Estados Americanos (OEA), Unicef y entrevistas.

EN RESUMEN

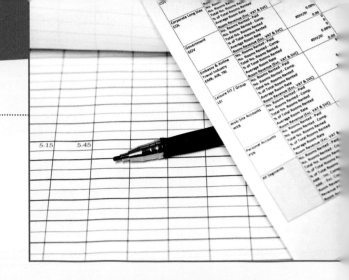

Situación

Crea un horario y administra el tiempo

You have some free time in your schedule and have decided to look for a part-time job.

LEARNING OUTCOMES

ACTION

Talk about professions

4.1 You would like to apply for a job as a veterinarian's assistant (or a mechanic's, a chef's, a teacher's, or a nurse's assistant). Write a brief cover letter explaining why you would be a good candidate for the job. Describe the things you want to do, can do, and prefer to do as they relate to the job. Be sure to include when you can start.

Ask and give the day and time

4.2 Your prospective employer wants to meet with you to set up a work schedule, where you will work for a total of fifteen hours a week. Map out your weekly schedule of classes and other activities. Then discuss what times and days you are available to work. Your partner will play the part of the employer. Then switch roles.

Describe daily routines and everyday activities

4.3 Your mother (or father or any other family member) is worried about you and wants to know how you are doing. Write her an e-mail explaining what your day is like and what you do at work, school, and with friends.

Asunto:
De: Para:

Make plans

4.4 You and your friend have each been working at your new jobs for two weeks. Use the schedule each of you prepared in Activity 4.2 to make plans to get together. Agree on what you want to do and the day, time, and place to meet. Make a note on your calendar about your plans.

LISTA DE VOCABULARIO

Las profesiones Professions

¿En qué trabajas? What is your profession?
bombero/a firefighter
cocinero/a cook
mecánico/a mechanic
médico/a doctor
mesero/a waiter/waitress
programador/a computer programmer
recepcionista receptionist
veterinario/a veterinarian

Decir la hora Telling time

¿A qué hora…? At what time…?
de la mañana a.m.
del mediodía noon
de la noche p.m.
de la medianoche midnight
de la tarde p.m.
en punto sharp
Es la una. It's one o'clock.
menos cuarto quarter to
¿Qué hora es? What time is it?
y cuarto quarter past
y media half past

Expresiones de tiempo
Time expressions

fin de semana weekend
horario schedule
por/en la mañana in the morning
por/en la noche at night
por/en la tarde in the afternoon
todos los días everyday
temprano early

Los días de la semana
Days of the week

lunes Monday
martes Tuesday
miércoles Wednesday
jueves Thursday
viernes Friday
sábado Saturday
domingo Sunday

Verbos Verbs

acostarse (o>ue) to go to bed
almorzar (o>ue) to have lunch
cenar to have dinner
cerrar (e>ie) to close
cuidar to take care of

desayunar to have breakfast
despertarse (e>ie) to wake up
dormir (o>ue) to sleep
ducharse to shower
empezar (e>ie) to start, begin
entender (e>ie) to understand
hacer to do, to make
hacer deporte to play sports
hacer la tarea to do homework
levantarse to get up
navegar por Internet to go on the Internet
pedir (e>i) to ask for, to order
pensar (e>ie) to think
poder (o>ue) to be able, can
preferir (e>ie) to prefer
quedar to meet up with someone
quejarse to complain
querer (e>ie) to want (to do something)
repetir (e>i) to repeat
salir to go out, to leave
servir (e>i) to serve
tener que to have to (do something)
vestirse (e>i) to get dressed
volver (o>ue) to return

5

¿TE GUSTA?

Hablamos de…	Vocabulario y comunicación	¡En vivo!	Gramática	Destrezas	Sabor latino	En resumen
• El tiempo libre	• **Actividades de ocio y tiempo libre:** Talking about free time and describing moods and feelings • **Los alimentos:** Ordering in a restaurant **Pronunciación** • The sounds of **r** and **rr**	• **Episodio 5 Un pelo en mi cena:** Using images to predict content	• *Gustar* and similar verbs • Using *también* and *tampoco* to agree and disagree • Verb *doler* and parts of the body	• **Las recomendaciones de Mónica** – **Comprensión de lectura:** Making inferences about personality and attitude – **Expresión escrita:** Using supporting examples – **Interacción oral:** Using models	• **Tradiciones gastronómicas**	• **Situación:** Visita a una familia venezolana • Vocabulario

Los amigos quieren explorar nuevos caminos.

- ¿Comes en restaurantes con tus amigos?
- ¿Prefieres la comida de restaurantes o la comida de casa?
- ¿Qué pides en tu restaurante favorito?

LEARNING OUTCOMES

By the end of this unit, you will be able to:

- Talk about what you do in your free time
- Describe likes and dislikes
- Express agreement and disagreement
- Order in a restaurant
- Explain what part of the body hurts
- Describe how you are feeling

5.1 Look at the image of students studying before going to class. Then complete the sentences according to the image.

a. La imagen representa a unos ....
....

b. Ellos están en ....

c. Los amigos estudian antes de ....
....

d. Según la imagen, la escena tiene lugar por la ....

5.2 Listen to the conversation. Then decide whether the following statements are true (T) or false (F).

Quique: ¿Qué tal, muchachos? ¿Qué tal llevan el examen?
Germán: Yo no muy bien, estoy un poco preocupado.
Carmen: Pero si tú estudias mucho, ¡seguro que te sale bien! ¿A que sí, Noelia?
Noelia: Pues claro. Yo creo que va a ser bastante fácil. Además, esta tarde ya no tenemos que estudiar.
Quique: Es verdad. ¿Qué quieren hacer? ¡Ah!, podemos jugar a videojuegos. ¡Me encantan los videojuegos!
Germán: Es que estoy cansado de jugar siempre con los videojuegos.
Carmen: Vale, ¿y qué tal si hacemos deporte?
Germán: No sé, es que me duele *(hurts)* la

pierna por el partido de fútbol del domingo.
Noelia: Podemos ir a comer algo. Germán, tú siempre tienes hambre, ¿no?
Germán: Vale, pero no quiero ir a un restaurante con mucha gente, que seguro que tenemos que esperar *(wait)* mucho para sentarnos *(to sit)* y estoy de mal humor por lo del examen.
Quique: ¿Qué? ¡Pero si siempre estás contento!
Carmen: Chévere, pues más tarde decidimos. Después del examen seguro que estás más contento.
Germán: Es verdad, muchachos. ¿Vemos una película? Me gusta la nueva de ciencia ficción.
Quique: A mí también.
Carmen: Sí, de acuerdo.

	T	F
a. Germán cree que el examen le va a salir mal.	☐	☐
b. Tienen clase por la tarde.	☐	☐
c. Quique está de mal humor.	☐	☐
d. Noelia piensa que el examen va a ser bastante fácil.	☐	☐
e. Carmen y Quique están de acuerdo con Germán.	☐	☐

5.3   Answer the following questions about the conversation.

a. ¿Cuántos planes proponen *(suggest)* los amigos para hacer esta tarde?

b. ¿Qué plan deciden hacer finalmente?

c. ¿A quién le duele la pierna?

d. ¿Por qué Germán no quiere ir a comer?

e. ¿Por qué no quiere jugar a los videojuegos?

5.4   Match the caption to the image.

1. ☐ A Mario y a Graciela les gusta la montaña y montar en bici. Ahora están cansados.
2. ☐ A Ana le encanta chatear con sus amigos de Argentina. Es muy abierta.
3. ☐ A Andrea le gusta hacer fotos, también le gustan los perros. Es muy simpática.
4. ☐ A Pablo le encanta ir de compras y comprar zapatos. Está muy contento.

5.5   With a partner, take turns saying which of the following activities you like to do in your free time.

Modelo: Me gusta ir de compras y comprar bolsos.

– chatear con amigos
– ir de compras y comprar…
– escuchar música en mi mp4
– jugar a los videojuegos
– hacer deporte
– montar en bici
– hacer fotos
– ver una película

¡A Quique le encanta jugar a los videojuegos!

5.6   Compare sentences with *encantar* and *gustar* used in Activity 5.4. What do you think is the difference between the two expressions? Discuss with a partner. Then write your own sentences using *me encanta* and *me gusta* to share with the class.

APUNTES: Colombia, un país lleno de gente alegre

✓ Según una reciente encuesta, 7 de cada 10 colombianos declaran estar alegres la mayor parte del tiempo. Muy pocos, solo un 3%, dicen que están tristes.

✓ Igualmente, 7 de cada 10 colombianos se ríen para expresar que están contentos.

✓ Los colombianos reaccionan de maneras diferentes cuando están alegres. En Barranquilla se expresa a través del baile y del canto.

✓ También varía por edad. A los jóvenes de entre los 18 y 24 años estar con los amigos les genera alegría mientras que para los adultos de entre los 25 y 34 años la alegría está relacionada con el bienestar económico.

✓ Al 24% de los encuestados estar con la familia les produce alegría.

Fuente: Centro Nacional del Consultoría (CNC)

1.A VOCABULARIO: ACTIVIDADES DE OCIO Y TIEMPO LIBRE

5.1 Look at the images below. What type of activities do they all represent?

a. .... los bolos

b. .... a los videojuegos

c. .... al fútbol

d. .... una película

e. .... natación

f. .... esquí

g. .... judo

h. .... ciclismo

i. .... un refresco

j. .... deporte

k. .... la televisión

l. .... un concierto

m. .... una exposición

n. .... Internet

ñ. .... unas tapas o botanas

o. .... el mar

p. .... yoga

q. .... el sol

5.2 Complete the captions above with one of the following verbs. Then listen to the audio to check your answers.

ver • tomar • hacer
jugar a • navegar por

5.3 With a partner, place the activities in the appropriate category and add two more examples to each category.

TOMAR	VER	JUGAR A	HACER	NAVEGAR POR
a. *unas tapas o botanas*	a.	a.	a.	a. ....
b. *el sol*	b.	b.	b.	b. ....
c.	c.	c.	c.	
....	d.		d.	
....			e.	
			f.	
			....	
			....	

5.4 Think about the activities you would like to do this weekend. Then in groups of three, take turns offering suggestions for what to do together until you have completed the agenda below.

Modelo: E1: El viernes por la tarde, ¿quieren ver una película?

E2: Sí, buena idea. / Realmente no. ¿Qué tal si vamos a tomar unas tapas?

E3: Chévere. / Sí, perfecto.

	Mañana	Tarde	Noche
Viernes			
Sábado			
Domingo			

5.5 Make one or two recommendations for each of the following people based on their moods, personalities, and circumstances as described below. Then take turns with a partner exchanging your suggestions. Record all the suggestions provided.

Modelo: E1: ¿Qué puede hacer Isabel?

E2: Isabel puede ver la televisión.

¿Qué puede(n) hacer?	Puede(n)...
a. Isabel es muy tranquila. A ella no le gusta salir. Prefiere estar en casa. ▶	
b. Violeta vive cerca de la playa *(beach)*. La temperatura hoy es de noventa y cinco grados y ella tiene calor. ▶	
c. Paco y sus amigos tienen mucha energía y son muy activos. A ellos les gusta competir. ▶	
d. Iván está aburrido. Le gusta mucho el arte y la música. A sus amigos también. ▶	

5.6 Select from the options you and your partner prepared in Activity 5.3 and say which one you would prefer to do in each case.

a. Cuando estoy en casa, me gusta...

b. Cuando tengo calor,...

c. Si tengo que competir con mis amigos,...

d. Si paso tiempo con mis amigos,...

5.7 Look at the image of Miguel and try to guess what four activities he likes to do in his free time. Then listen to the audio to check your answers.

- ☐ viajar con amigos
- ☐ escuchar música
- ☐ tomar tapas con los amigos
- ☐ ver conciertos en directo
- ☐ ver la televisión
- ☐ hacer deporte
- ☐ navegar por Internet
- ☐ viajar solo

5.8 What can you guess about Inés and the things she likes to do in her free time based on the image of her below? Discuss with a partner.

5.9 Write a short description about Inés. Include the following:

– two personality traits
– how she is feeling today
– three activities she likes to do in her free time
– one activity she doesn't like to do

Inés es…
....

Hoy está…
....

A ella le gusta…
....

A ella no le gusta…
....
....

5.10 Prepare a similar description about yourself. Then share the information you wrote about yourself and Inés with the class. *¡Atención!* To say what you like (and don't like) use *A mí me gusta… / A mí no me gusta…*

1.B COMUNICACION: TALKING ABOUT FREE TIME AND DESCRIBING MOODS AND FEELINGS

ESTAR

» Use **estar** to describe a person's mood or feelings at a particular moment.
*Germán **está** preocupado por el examen.* *Germán is (feeling) worried about the test.*

» Adjectives commonly used with **estar**:

tranquilo/a *(feeling) relaxed*
de buen/mal humor *in a good/bad mood*
preocupado/a *(feeling) worried*
bien, perfecto *(feeling) fine*

alegre, contento/a *(feeling) happy*
cansado/a *(feeling) tired*
triste *(feeling) sad*
enfadado/a *(feeling) angry*

Use **ser** to describe personality traits and characteristics with:
- aburrido/a *boring*
- alegre, divertido/a *fun, lively*
- antipático/a *disagreeable*
- inteligente *intelligent*
- simpático/a *likeable*
- tranquilo/a *quiet*

5.11 Look at the following people and describe their mood using *estar* and the expressions above. Check your answers with a partner. More than one answer is possible.

5.12 Take turns with a partner saying whether you are feeling the same as the people above.

(Modelo:) Yo (no) estoy...

5.13 Listen to the conversation and fill in the blanks with the missing words.

(43) **Carlos:** ¿Qué te pasa, Rafael? Hoy no .... muy ....
Rafael: Bueno, es que .... un poco ....
Carlos: ¡Pero qué dices! Si tú .... muy .... Venga, vamos a dar un paseo.
Rafael: Bueno, vale.

5.14 Complete the questions with *ser* or *estar*.

a. ¿Cómo .... tu mejor amigo/a? ¿Cómo .... ustedes cuando están juntos?
b. Cuando .... enfadado, ¿qué haces?
c. Normalmente, ¿ .... una persona tranquila o nerviosa? ¿Cómo .... ahora? ¿Por qué?
d. ¿Cómo .... tus padres? ¿Estrictos? ¿Generosos? ¿Cuándo .... preocupados?
e. ¿Tienes hermanos? ¿ .... mayores o menores que tú? Cuando estás en la universidad, ¿ .... triste cuando no estás con ellos? ¿Por qué?

5.15 Now use the questions you prepared to interview a partner. What do you have in common?

5.16 Using the list of foods below, complete the words under each image to identify the food in Spanish. Then listen to the audio to check your answers.

(44)

carne • huevos • naranjas • queso • cebollas • leche
pimientos • tomates • frijoles • marisco • pollo • zanahorias

a — frijoles

b — queso

c — zanahorias

d — leche

e — cebollas

f — tomates

g — huevos

h — carne

i — marisco

j — naranjas

k — pimientos

l — pollo

5.17 Read the descriptions about two famous celebrities and their lifestyles. Cross out the foods each one dislikes.

A Gael le gusta mucho estar con sus amigos e ir a fiestas y estrenos de películas. Con su horario de trabajo, no pasa mucho tiempo en casa y come casi siempre en restaurantes. Gael es amante de la comida rápida, sobre todo las hamburguesas con papas fritas. También le gustan los postres como el helado y la tarta de chocolate. No le gusta nada la verdura ni la fruta.

a b c d

A Liliana le gusta cuidarse. Va al gimnasio tres veces por semana y los fines de semana practica natación, pilates y también le gusta el *spinning*. Para comer, a Liliana le gustan las ensaladas y todo tipo de pescado y fruta. No le gusta la comida grasosa *(greasy)* y toma mucha agua. Su estómago no tolera los productos lácteos como el yogur.

5.18 Choose from the list below the snack foods you think Gael and Liliana most likely eat. Exchange opinions with your partner.

palomitas de maíz

papitas fritas

manzanas

♲
Showing agreement and disagreement with someone's opinion:
- Creo que / Pienso que...
- Creo / Pienso que sí.
- Creo / Pienso que no.

dulces

tarta o pastel de chocolate

pescado a la plancha

Primer plato:

Segundo plato:

Postre:

5.19 You and your partner have been hired to plan a dinner party for Gael and Liliana. Create a menu that will appeal to both of the celebrities and their guests.

To combine foods, use **con**.
- Arroz con pollo. *Rice with chicken.*

5.20 Take turns asking your partner what foods he/she prefers.
a. ¿Qué comida no te gusta?
b. Cuando tienes mucha hambre, ¿qué prefieres comer?
c. ¿Qué te gusta comer por la tarde después de clase?
d. ¿Cuál es tu postre favorito?

5.21 Read the following conversation in a restaurant between the waiter and his customers. Then match the items ordered to the correct images.

Mesero: Hola, buenas tardes. ¿Qué desean ordenar?
Cliente 1: Yo, una **sopa de verdura** (a) y una **limonada** (b).
Cliente 2: Para mí, un **refresco de naranja** (c).
Mesero: ¿Quiere algo de comer?
Cliente 2: Sí, ¿me puede traer un **sándwich de jamón y queso** (d), por favor?
Mesero: ¿Algo más?
Cliente 2: No, nada más, gracias.
Cliente 1: ¿Nos trae agua, por favor?
Mesero: Tomen, aquí tienen.
Cliente 1: La cuenta, por favor.
Mesero: Sí, son diecisiete dólares.

5.22 Look at the different questions and answers commonly used when ordering in a restaurant. Fill in the blanks with the missing words used in the conversation above.

Mesero	Cliente
– ¿Qué desea/n ....?	– ...., una sopa de verdura.
– ¿Qué quiere/n beber?	– ...., un refresco de naranja.
– ¿Quiere/n algo de ....?	– ¿.............. un sándwich de jamón y queso, por favor?
– ¿Quiere/n algo más?	– No, ..., gracias.
– ¿..............?	– ¿.............. agua, por favor?
	– ...., por favor.

5.23 Listen to the following conversation that takes place at a Mexican restaurant. Then answer the questions.

a. ¿Desean ordenar los clientes? *Tacos & salsa* *Guacamole*

c. ¿Qué parte del día es?

b. ¿Qué comen?

d. ¿Quién paga?

5.24 Listen again and answer the questions.

a. ¿Qué se pide primero en México, la bebida, la comida o todo junto?

b. ¿Qué verbo utilizan los meseros para hablar de forma general de la bebida y la comida?

c. ¿Qué forma de tratamiento utilizan los meseros y clientes?

d. ¿Estos diálogos son parecidos a los que hay en un bar o restaurante de tu país? ¿Por qué?

e. Fíjate en la imagen. ¿Qué hace el joven? ¿Es normal en tu país este gesto? ¿Cómo se llama la atención del mesero/a?

5.25 Listen to another conversation in the same restaurant and complete the chart with their order.

	Ella	Él
Entrada ▶		
Plato fuerte ▶		
Para beber ▶		
¿Necesita algo? ▶		
De postre ▶		

5.26 With a partner, take turns playing the roles of waiter / waitress and customer. Use the expressions in activity 5.22 and the menu as a guide. Then present your conversation to the class.

LOS DOS PANZONES

— Menú del día —

Entrada
Ensalada de nopales
Arroz a la mexicana
Frijoles charros
Sopa azteca
Consomé de pollo

Plato fuerte
Bistec a la mexicana
Pollo en salsa verde
Enchiladas rellenas
Chiles rellenos
Pescado a la diabla

Postres
Arroz con leche
Pastel
Flan

PRONUNCIACIÓN

THE SOUNDS OF *R* AND *RR*

In Spanish, the letter **r** has two sounds.

» **Sound /r/** ▶ Sound is equivalent to the English pronunciation of **tt** in **butter** or **dd** in **ladder**.
naranja, mariscos, ahora

» **Sound /rr/** ▶ Sound is equivalent to someone imitating a motor sound (*brrrrrrrr*). This is known as a trill and occurs in words:
-beginning with the letter **r** ▶ *repetir*
-with an **r** after the letters **n, s, l** ▶ *Enrique; Israel; alrededor*
-written with **rr** ▶ *arroz, aburrido*

5.1 You will hear ten words in Spanish with either the /r/ or /rr/ sounds. Listen carefully and write the number of the word in the appropriate column based on the sound of /r/ you hear in each.

Sound /r/	Sound /rr/

5.2 Fill in the blanks with *r* o *rr* to spell out these words. Then practice saying them aloud to a partner focusing on the correct pronunciation of /r/ and /rr/.

a. favo........ito   **c.** bo........ador   **e.** papele........a   **g.** go........a   **i.** enfe........mera
b. mo........eno   **d.** abu........ido   **f.** a........oz   **h.** ma........ón   **j.** prefe........imos

Un pelo en mi cena

ANTES DEL VIDEO

5.1 Answer the questions and share your responses with a partner.

a. ¿Conoces algún restaurante español?

b. ¿Conoces el nombre de algún plato típico español?

c. ¿Te gusta la comida española?

5.2 Base your answers to the following questions on what you know and what you think is going to happen in the episode. Use the images and your imagination.

a. ¿Sabes qué es el gazpacho? ¿De dónde es típico?

b. Para hacer una tortilla de patatas, ¿qué ingredientes necesitas?

c. ¿Cómo es la decoración del restaurante? Mira las imágenes 1 y 5.

d. ¿Por qué se ríe Eli (imagen 2)?

e. Mira la imagen 4. ¿Qué problema tiene Lorena con el cuchillo en ese momento?

f. ¿Qué crees que piensa el hombre que aparece en la imagen 3?

g. ¿Qué encuentra Eli en su sopa? Mira la imagen 6.

⚙ ESTRATEGIA

Using images to predict content
Before you watch the video, focus on the images and the questions in the pre-viewing activities to help you anticipate what the episode will be about. Knowing what to expect will prepare you for the types of reactions the characters in the video might display.

DURANTE EL VIDEO

5.3 Watch the entire episode and check your answers to Activity 5.2.

5.4 Answer the following questions.

a. ¿Lorena y Eli van al restaurante de día o de noche? ¿Por qué lo sabes?

b. ¿Es caro el restaurante?

c. ¿Tiene Juanjo experiencia como mesero?

d. ¿Qué piensan las muchachas sobre el comportamiento de Juanjo como mesero?

5.5 _____ Juanjo makes mistakes when repeating back the girls' orders. Correct the errors below. Watch the espisode again if necessary.

	Lorena	Eli
De primero	gazpacho ▶	sopa de jamón ▶
De segundo	arroz con verdura ▶	arroz con verdura ▶
Para beber	un refresco de naranja ▶	una limonada ▶

5.6 _____ Indicate whether the following statements refer to Lorena (L), Eli (E) or Juanjo (J).

a. ☐ Es la primera vez que cena en ese restaurante.

b. ☐ Piensa que Juanjo está muy guapo vestido de mesero.

c. ☐ Piensa que Juanjo habla muy alto porque es español.

d. ☐ Explica qué es el gazpacho y la tortilla española.

e. ☐ Dice que el restaurante es bonito.

f. ☐ Le encanta la comida española.

g. ☐ A veces ayuda a su tío en su trabajo.

h. ☐ Le gusta mucho el pollo.

5.7 _____ Answer the questions.

a. Después de ver el episodio, ¿crees que Juanjo es un buen mesero? ¿Por qué?

b. Mira la imagen 6. ¿Crees que las muchachas van a volver a ese restaurante otra vez? ¿Por qué?

c. Si vas a un restaurante y el mesero actúa como Juanjo, ¿qué haces?

5.8 _____ In small groups, list five qualities you think a good waiter or waitress should have.

> Las cualidades del buen mesero

5.9 _____ Take turns sharing your list with the rest of the class and decide which five you all agree are the most important.

5.10 _____ With a partner, prepare a brief conversation between a waiter/waitress and a customer and present it to the class. Afterwards your classmates will guess the type of restaurant you are in.

DESPUÉS
DEL VIDEO

GRAMÁTICA

1. *GUSTAR* AND SIMILAR VERBS

» To express likes and dislikes, the verb **gustar** is used in Spanish. The verb endings for **gustar** always agree with what is liked. The indirect object pronouns always precede the verb forms.

Optional (Used to show emphasis)	Indirect object pronoum	Verb forms	What is liked
A mí	**me**		
A ti	**te**	**gusta**	la leche, cantar (singular)
A usted/él/ella	**le**		
A nosotros/as	**nos**	**gustan**	los videojuegos (plural)
A vosotros/as	**os**		
A ustedes/ellos/ellas	**les**		

Nos gusta salir a cenar. *We like to go out for dinner.*
No *me gusta* la carne. *I don't like meat.*
¿*Te gustan* las palomitas? *Do you like popcorn?*

» The verb **encantar** is used to talk about things you really like or love.
Me encantan los conciertos en directo. *I love live concerts.*

» The expressions **a mí**, **a ti**, **a él**... are optional. They are used to show emphasis.
¿Te gusta el helado? **A mí** me encanta. *Do you like ice cream? I love it. (I really do.)*

5.1 Describe one thing in each of the categories below that you and your friends like and one thing you don't like. Share your preferences with a partner.

Modelo: clases ▶ A nosotros nos gusta la clase de español. / No nos gusta la clase de física.

a. deportes   **c.** programas de televisión
b. música   **d.** comida

5.2 List three activities you like to do. Then ask your partner if he/she likes to do the things you listed. Take turns asking and answering to see how many things you have in common.

Modelo: E1: ¿Te gusta la natación?

Sí, me gusta mucho.

No, no me gusta.

Actividades
a. Me gusta(n)...
b.
c.

5.3 Conduct a class survey to find out which foods your classmates like most *(más)* and which ones they like least *(menos)*. Interview at least five students. Complete the chart with the information you gathered and report back to the class.

Modelo: ¿Qué alimentos te gustan más/menos?

Tabla de contenidos
Alimentos que gustan más: *A mis compañeros les gustan más...*
Alimentos que gustan menos:

2. USING *TAMBIÉN* AND *TAMPOCO* TO AGREE AND DISAGREE

| AGREEMENT (Same tastes/preferences) | DISAGREEMENT (Different tastes/preferences) |

| Me gustan los gatos. | **A mí, también.** | No me gusta el café. | **A mí, tampoco.** | Me gusta el fútbol. | **A mí, no.** | No me gustan las verduras. | **A mí, sí.** |

Sí   Sí   No   No   Sí   No   No   Sí

» Use **también** when agreeing with an affirmative statement.

» Use **tampoco** when agreeing with a negative statement.

» To show that you don't agree with an affirmative statement, use **a mí, no**.

» To show that you don't agree with a negative statement, use **a mí, sí**.

5.4 Complete the conversations with *también* or *tampoco*. Use the icons to help you choose. Then practice the conversations aloud with a partner.

a. ● ¿Te gusta hacer deporte?
   ● Me encanta. ¿Y a ti?
   ● A mí, ...

b. ● ¿Te gustan los videojuegos?
   ● No. ¿Y a ti?
   ● A mí, ...

c. ● ¿Te gusta la música?
   ● Sí. ¿Y a ti?
   ● A mí, ...

5.5 Listen to a radio broadcast reporting on the latest survey about university students and the free time activities they like to do most and least. Complete the chart with the activities you hear.

	Porcentaje
a. Ir a conciertos de música moderna.	74%
b.	
c.	
d.	
e.	
f.	
g.	
h.	
i. Escuchar la radio para informarse.	

5.6 Listen again and indicate the percentages for each activity in 5.5.

5.7 Arrange the results in order of preference from the most to the least. Share your statistics with a partner and take turns saying whether you have similar or different preferences. What conclusions can you draw?

Modelo: 1. A los jóvenes les encanta ir a conciertos de música moderna. ¿Y a ti?
...
9. No les gusta nada escuchar la radio para informarse. ¿Y a ti?

 Use the following to express degrees of intensity:
- mucho
- bastante *(well enough)*
- no... demasiado *(not much)*
- no... nada *(not at all)*

3. VERB *DOLER* AND PARTS OF THE BODY

» The verb **doler** is an **o>ue** stem-changing verb that is used to describe aches and pains. It follows the same patterns as **gustar**.

Me duele el estómago. *My stomach hurts.*   A María **le duelen** los pies. *Maria's feet hurt.*

DOLER (o>ue) *to hurt, ache*		
A mí	me	
A ti	te	
A usted/él/ella	le	**duele** el estómago
A nosotros/as	nos	
A vosotros/as	os	**duelen** los pies
A ustedes/ellos/ellas	les	

» Another way to describe what hurts you is with the expression **tener dolor de** + body part.
Tengo dolor de cabeza. *I have a headache.*

5.8   Look at the image to learn the words in Spanish for parts of the body. Then complete the sentences with *doler* and the corresponding body part.

d. los pies
f. la pierna
la espalda
el dedo
a. la rodilla
b. el estómago
el pecho
c. el brazo
e. la cabeza
el cuello
la mano

a. (A mí) Me duele la rodilla
b. (A nosotros) ....
c. (A ti) ....
d. (A él) ....
e. (A ellos) ....
f. (A ustedes) ....

5.9   With a partner, say what body parts you would use to do the following activities. Each of you should mention a different body part.

Modelo: E1: Para esquiar, uso las piernas.
E2: Y los brazos.
E1: Y…

a. para bailar   **c.** para hacer yoga
b. para montar en bici   **d.** para jugar al básquetbol

5.10 Look at the patients waiting to see the doctor. Match their symptoms to what ails them.

a. Tiene fiebre.   **b.** Está estresada.   **c.** Está cansado.   **d.** Tiene tos.   **e.** Tiene gripe.

1. ☐ Le duelen el cuello y la espalda y no duerme bien.
2. ☐ Le duele el pecho cuando tose mucho.
3. ☐ Le duele la cabeza y tiene 102 °F.
4. ☐ Le duele todo el cuerpo y necesita tomar muchos líquidos.
5. ☐ Tiene dolor de cabeza y está muy nerviosa.

5.11 Match the doctor's questions and comments to the patient's responses. Then arrange the conversation in the appropriate order and practice taking parts with a partner. Remember to conjugate the verbs as needed.

Modelo: Doctor: Buenos días, señor López.
Paciente: Buenos días, doctor.
...

1. Buenos días, señor López.
2. Dígame, ¿qué le ocurre?
3. Necesito ponerle el termómetro para ver si (tener) .....tiene..... fiebre. ¿(Doler, a usted) ...le duelen... la cabeza?
4. ¿(Tomar) ...toma... medicamentos habitualmente?
5. Bueno... (Tener) ...tiene... un poco de fiebre y algo de congestión en el pecho. Creo que (tener) ...tiene... gripe.
6. Sí, (tener) ...tiene... que tomar un antibiótico cada ocho horas para la tos y la congestión.

a. ¿(Tener) ...tengo... que tomar algún medicamento?
b. Buenos días, doctor.
c. Muchas gracias, doctor.
d. (Tomar) ...toma... una aspirina algunas veces.
e. (Estar) ...está... muy cansado y (tener) ...tengo... tos.
f. Sí, y también (doler) ...duele... el pecho.

5.12 With a partner, describe how the following people are feeling. Use the verbs *estar* and *doler*, parts of the body, and expressions with *tener* to complete your description. Then present your versions to the class.

Modelo: A Estela le duele todo el cuerpo. Está cansada y tiene sueño. No puede trabajar. Tiene que tomar té.

Estela   Anita   Esteban   Rosa

Expressions with **tener**:
- tener hambre
- tener sed
- tener calor
- tener sueño
- tener frío
- tener que + infinitive

VIDEOCLASES
9 Y 10

1. COMPRENSIÓN DE LECTURA

5.1 Read the introduction to the e-mail and list five activities you might suggest if you were writing to Marta.

1. .... 2. .... 3. .... 4. .... 5. ....

5.2 Read the text, and answer the questions below with *sí* o *no* according to the reading.

⚙ **ESTRATEGIA**

Making inferences about personality and attitude

When reading a personal message between friends, use the introduction for context and useful clues about the writer and his/her views. What does the introduction convey to you about the main characters? How would you describe each of them based on the introduction alone? And after reading the entire passage?

Las recomendaciones de Mónica

Todos los viernes Marta le manda un correo a su amiga Mónica para hablar sobre el fin de semana. Marta nunca sabe *(never knows)* qué quiere hacer y Mónica siempre tiene buenas ideas. Este es un resumen de las últimas recomendaciones de Mónica a su amiga.

● ● ●   Asunto: Recomendaciones

De: Mónica   Para: Marta

Hola, Marta, pienso que estás contenta porque es viernes y este fin de semana hay muchísimas cosas que puedes hacer. Por ejemplo, si quieres ver una película en el cine, hay tres opciones interesantes: una comedia española con Penélope Cruz, un drama argentino y una película de animación. Por cierto, tengo una novela de un escritor venezolano. Si tienes tiempo, puedes leer la novela este fin de semana, está muy bien. Otra opción es comer en un restaurante. Yo te recomiendo un restaurante mexicano que tiene una comida muy buena y es bastante barato *(inexpensive)*. Lo mejor son los tamales y los tacos al pastor, ¡me encantan los tacos! Además, puedes escuchar rancheras, que son las canciones típicas de México. Si quieres hacer deporte, podemos montar juntas en bici el domingo. Yo tengo una bici nueva. Es el regalo *(gift)* de mis padres por mi cumpleaños. Por último, ¿te gusta cantar? Es que tengo un karaoke en casa y el domingo puedes venir a cantar con mi hermana y conmigo. ¿Te imaginas? Puede ser muy divertido. Además, mi padre todos los domingos hace asado, entonces puedes almorzar con nosotros también.

	Sí	No
a. ¿El padre de Mónica hace asado los sábados?	☐	☐
b. ¿A Mónica le gustan los tacos?	☐	☐
c. ¿La bici de Mónica es nueva?	☐	☐
d. ¿Mónica tiene una hermana?	☐	☐
e La novela que tiene Mónica, ¿es de un escritor mexicano?	☐	☐
f. ¿Las rancheras son mexicanas?	☐	☐

5.3 With a partner, compare the activities you each suggested in Activity 5.1 with the ones Mónica recommended. Which of you had the most in common with Mónica? What adjectives would you use to describe Mónica? Exchange impressions with your partner. Do you both agree?

5.4 Read Marta's response to Monica's suggestions and check the ones Marta likes.

●●●   Asunto: Re: Recomendaciones

De: Marta   Para: Mónica

Muchas gracias por tus recomendaciones, Mónica.
Me encanta el cine argentino, entonces la película argentina que me recomiendas
es una buena opción. Para la novela no tengo tiempo este fin de semana, pero
gracias. Y otra cosa, no me gusta nada la comida mexicana. No puedo montar en
bici porque me duele mucho la pierna; pero lo del karaoke sí, me gusta muchísimo
cantar. Además, el asado es mi comida favorita.

a. ☐ ver la película argentina   **c.** ☐ leer la novela   **e.** ☐ comer comida mexicana

b. ☐ montar en bici   **d.** ☐ cantar con el karaoke   **f.** ☐ comer asado

2. EXPRESIÓN ESCRITA

5.5 Make some recommendations to your classmates about what to do this weekend. Then exchange papers with another classmate.

⚙ **ESTRATEGIA**

Using supporting examples

When preparing a persuasive argument, you should provide examples to state your position. Making a list of your arguments either in support of or in opposition to a suggestion will help you make a strong case.

Hola, compañeros. Estas son mis recomendaciones para el fin de semana...

5.6 Which suggestions do you like best? Why? Respond to the recommendations you received.

Muchas gracias por tus recomendaciones...

3. INTERACCIÓN ORAL

5.7 Prepare a talk to present to the class about your tastes and preferences relating to different foods. Talk about the following topics.

⚙ **ESTRATEGIA**

Using models

It helps to go back and review models that prepare you for a task like this one. Prepare and practice examples with *gustar* and verbs like *gustar*. Reread the section about meals and parts of the day.

Hábitos alimenticios en tu familia		
Gustos y preferencias	Tú y la comida	Las costumbres horarias

TRADICIONES GASTRONÓMICAS

Una cocinera prepara pupusas en El Salvador.

¿QUÉ COMEMOS?

«Barriga llena, corazón contento», dice un conocido refrán en español. En Latinoamérica, la comida no solamente es sustento*: es tradición, comunicación e identidad. Te invitamos a la mesa de México, El Salvador, Guatemala, Nicaragua, Costa Rica...

DENOMINACIÓN DE ORIGEN

La denominación de origen es una forma de relacionar un producto con la región donde se crea. Es una indicación de calidad y una garantía* de que el producto es único.

Estos son algunos de los productos latinoamericanos con denominación de origen:

· Vainilla de Papantla, quesos de Oaxaca y tequila de Jalisco (México).

· Café Antigua (Guatemala).

· Quinua Real (Bolivia).

· Cacao de Chuao (Venezuela).

COCINA Y EMOCIONES

«En mi familia hay una gran tradición culinaria. Y, para mí, la cocina es un lugar donde pasan muchísimas cosas», dice la escritora mexicana Laura Esquivel.

Cacao y otros ingredientes de la cocina mexicana

Las recetas* y la cocina son protagonistas en *Como agua para chocolate*, la novela más famosa de la autora. Allí, Tita, una joven enamorada pero tímida, expresa sus sentimientos exclusivamente a través de los platos que prepara.

La novela y la película que se hizo basándose en ella, son un ejemplo de la conexión entre comida y emociones en Latinoamérica.

¿Hay conexión entre la comida y las emociones en tu país o región? Por ejemplo, ¿qué tipo de plato se prepara para celebrar fiestas en familia, como el Día de Acción de Gracias, los cumpleaños o la Navidad?

RESTAURANTES INFORMALES Y PLATOS TÍPICOS

Comer en la calle es una costumbre* muy extendida en Latinoamérica. Hay varios tipos de negocios donde se vende comida en la calle, como mercados, puestos* informales o carritos de comida*.

Según un estudio reciente de la consultora McCann, al menos la mitad de los habitantes de Argentina, Puerto Rico, México, Guatemala y Chile come en la calle más de una vez a la semana.

Muchos platos típicos latinoamericanos son ideales para comer de paso*, como por ejemplo las tortillas rellenas con queso o carne. En Honduras se llaman «baleadas», «pupusas» en El Salvador y «gorditas» en México, y hay una versión similar llamada «empanada» en Argentina, Chile y otros países.

Otros, en cambio, se saborean* mejor en la mesa y con más tiempo. Por ejemplo, el gallo pinto, un plato a base de arroz y frijoles típico de Costa Rica y Nicaragua, o el kak ik, un tradicional guiso* guatemalteco de pavo.

Carrito de comida mexicana

> Y en tu país o región, ¿es habitual comer en la calle? ¿Qué tipo de negocios venden comida en la calle y qué platos ofrecen?

¿YA HAS PROBADO...

...la banana roja? Es una variedad de fruta tropical muy apreciada en Centroamérica. La piel de estas bananas es roja o marrón, y su interior es rosado. Se come en pasteles, frita o tostada.

...los chapulines? Es una especialidad mexicana que consiste en saltamontes* tostados. Se comen con ajo*, lima y sal.

...la horchata? Es una bebida fresca que se prepara en muchos países latinoamericanos, a base de arroz, agua, canela y vainilla.

> ¿Cuál de estas especialidades te gustaría probar y por qué?

ANSWER THE FOLLOWING QUESTIONS

a ¿Qué aspectos de la cocina o la comida están relacionados con la identidad estadounidense?

b Investiga: ¿qué productos gastronómicos de tu país tienen denominación de origen? ¿Qué productos no la tienen pero deberían tenerla, en tu opinión?

c ¿Qué plato estadounidense es delicioso para ti, pero piensas que es un poco raro para los extranjeros?

d Investiga alguno de los platos mencionados, busca una receta fácil y prepárala para la clase.

Bananas rojas de Costa Rica

GLOSARIO

el ajo – garlic	
de paso – in passing	
el carrito de comida – food truck	
la costumbre – habit	
la garantía – guarantee	
el guiso – stew	
el puesto – stall, stand	
el saltamonte – grasshopper	
la receta – recipe	
se saborean – are tasted	
el sustento – sustenance	

Fuentes: UNESCO, BBC Mundo, McCann, *El País*.

VOCES LATINAS

Mi comida preferida

EN RESUMEN

¿QUÉ HAS APRENDIDO?

Situación

Visita a una familia venezolana

You have accepted your roommate's invitation to spend a long weekend with his/her family. The family is from Venezuela and only speaks Spanish.

LEARNING OUTCOMES		ACTION
Talk about what you do in your free time	**5.1**	Your host family wants to get to know you better. Explain to them what you usually do in your free time. Describe your hobbies, your favorite activities and sports and ask them about theirs. Take turns playing both roles with a partner.
Describe likes and dislikes Express agreement and disagreement	**5.2**	Your host mother is preparing dinner and wants to know about the foods you like and don't like much. First tell her about your preferences and then respond to her questions about specific foods. Take turns playing both roles with a partner. Be sure to agree and disagree with each other's preferences.
Describe how you are feeling	**5.3**	You just received an e-mail from your parents; they ask you about your stay. Write an e-mail to your parents and explain to them how you are feeling and why.

5.3 e-mail:

●○○	Asunto:
De:	Para:

5.4 On the last night you decide to invite the family to eat at a local Venezuelan restaurant. You want to show them how much you have learned about their culture. You insist on speaking only Spanish to the waiter and ordering in Spanish. With a partner, take turns playing the role of the waiter. Order from the following menu.

Restaurante Santa Ana de Coro

Entradas		Platos fuertes	
Tequeños	11,20 $	Pabellón criollo	14,50 $
Chupe de gallina	8,60 $	Patacón relleno con carne	11,60 $
Ensalada de palmitos	9,50 $	Asado negro	12,60 $
Empanadas fritas	10,80 $		
Arepitas	12,30 $	**Postres**	
Cachapas	8,50 $	Tapioca con coco y maracuyá	6,40 $
		Quesillo	5,90 $

Order in a restaurant

Explain what part of the body hurts

5.5 Your visit is over and you are home. Unfortunately you are not feeling well. Tell the doctor what hurts and why you think that it does. With a partner, take turns playing the role of the doctor.

LISTA DE VOCABULARIO

Actividades de ocio y tiempo libre
Free time activities

chatear con amigos to chat (online) with friends

hacer ciclismo to bike

hacer esquí to ski

hacer fotos to take pictures

hacer judo to practice judo

hacer natación to practice swimming

hacer yoga to practice yoga

ir de compras to go shopping

jugar a los bolos to bowl, go bowling

jugar a los videojuegos to play videogames

montar en bici to ride a bike

navegar por el mar to sail

navegar por Internet to go on the Internet

tomar el sol to sunbathe

tomar tapas to eat tapas (small dishes of food)

ver un concierto to go to a concert

ver una exposición to go to an exhibit

ver una película to see a movie

Estados de ánimo
Moods and feelings

alegre happy

contento/a cheerful

de buen humor in a good mood

de mal humor in a bad mood

nervioso/a nervous

preocupado/a worried

tranquilo/a quiet, calm

triste sad

Alimentos Foods

el arroz rice

la carne meat

las cebollas onions

los dulces candies, sweets

los frijoles beans

la hamburguesa hamburger

el helado ice cream

los huevos eggs

la leche milk

la limonada lemonade

las manzanas apples

el marisco shellfish, seafood

las naranjas oranges

las palomitas popcorn

las papas fritas french fries

las papitas fritas potato chips

la sopa de verdura vegetable soup

el pescado fish

los pimientos peppers

el pollo chicken

el postre dessert

el queso cheese

la tarta de chocolate chocolate cake

los tomates tomatoes

las verduras vegetables

el yogur yogurt

las zanahorias carrots

Verbos Verbs

doler (o>ue) to hurt

encantar to love

gustar to like

Partes del cuerpo Parts of the body

el brazo arm

la cabeza head

el cuello neck

el dedo finger

la espalda back

el estómago stomach

la mano hand

el pecho chest

el pie foot

la pierna leg

la rodilla knee

Palabras y expresiones útiles
Useful words and expressions

A mí, también. Me too.

A mí, tampoco. Me neither.

bastante well enough

muchísimo very much, a lot

no… demasiado not much

no… nada not at all

6 VAMOS DE VIAJE

Hablamos de…	Vocabulario y comunicación	¡En vivo!	Gramática	Destrezas	Sabor latino	En resumen
• El transporte en la ciudad	• **Los medios de transporte:** Stopping someone to ask for information • **Establecimientos de la ciudad:** Describing where things are located	• **Episodio 6 Un barrio interesante:** Retaining information	• Irregular verbs *ir*, *seguir*, *jugar*, and *conocer* • Prepositions *en*, *a*, *de* • Direct object pronouns • Adverbs of quantity	• **¡Ya estoy en Ciudad de México!** – **Comprensión de lectura:** Identifying keywords – **Expresión escrita:** Persuasion – **Interacción oral:** Seeking feedback	• **Turismo de aventura**	• **Situación:** Recados y conversaciones • Vocabulario

Pronunciación

• The sounds of **g**, **gu** and **j**

¿A qué hora sale el autobús?

- Fíjate en los muchachos de la imagen principal. ¿Qué llevan en la espalda? ¿Qué hacen? ¿Por qué?
- ¿Te gusta viajar a otros países?
- ¿Te gusta explorar las ciudades?
- ¿Qué ciudades quieres visitar?

LEARNING OUTCOMES

By the end of this unit, you will be able to:

- Get around in a city
- Ask for and give directions
- Describe where things are located
- Talk about means of transportation

6.1 Observa las imágenes y elige la opción correcta.

1. Las imágenes muestran una conversación entre...

a. un turista y un policía.
b. un médico y su paciente.
c. dos amigos.

2. En la primera imagen, el muchacho de la derecha tiene en las manos...

a. una guía.
b. un diario.
c. un mapa.

3. Parece que él está...

a. de buen humor.
b. triste.
c. preocupado.

4. En la segunda imagen, uno de los muchachos...

a. tiene que viajar.
b. tiene que hacer deporte.
c. tiene que ir de compras.

5. ¿Dónde crees que va?

a. De vacaciones.
b. Al gimnasio.
c. A casa.

6. ¿Cómo crees que es el muchacho de la izquierda?

a. Es antipático porque no quiere ayudar al muchacho.
b. Es vago y no escucha al muchacho.
c. Es amable porque ayuda a su amigo.

6.2 Escucha la siguiente conversación e indica si la frase se refiere a Óscar, a Paco o a la estación de autobuses.

Paco: ¿Qué buscas, Óscar?
Óscar: Ah, necesito tu ayuda. Voy a la estación de autobuses. ¿Está **cerca de** la universidad?
Paco: Bueno, depende. A estas horas es mejor ir en metro para evitar todo el tráfico en la ciudad.
Óscar: ¿Cómo voy desde aquí?
Paco: Mira, estamos en Ciudad Universitaria, **delante de** la universidad hay una estación de metro. Toma la línea 3 hasta Balderas. En Balderas haces transbordo a la línea 1 hasta Observatorio. Son unas siete paradas.

La estación de autobuses está justo **al lado de** la estación de metro.
Óscar: ¡Ándale! Está **lejos de** aquí. Bueno, ¿y sabes cuánto cuesta el boleto?
Paco: Tres pesos, pero es mejor comprar una tarjeta electrónica. Cuesta diez pesos y luego la puedes recargar muchas veces.
Óscar: Está bien. ¿Y dónde la puedo comprar?
Paco: En las taquillas del metro.
Óscar: Ah, ya… Muchas gracias. Hasta luego.
Paco: No hay de qué, Óscar. Buen viaje… Un momentito, ¿dónde vas, muchacho?

| | Óscar | Paco | Estación de metro |

a. Conoce muy bien la ciudad.
b. Piensa que hay mucho tráfico ahora.
c. Quiere comprar una tarjeta electrónica.
d. Está al lado de la estación de autobuses.
e. Sale de viaje.
f. Piensa que la estación de autobuses está lejos.
g. Está cerca de la universidad.
h. Sabe el precio del boleto.

6.3 ¿Dónde está Óscar? Fíjate en la situación de Óscar con respecto al edificio de la universidad y relaciona las frases y las imágenes.

1. ☐ cerca de la universidad   3. ☐ lejos de la universidad

2. ☐ delante de la universidad   4. ☐ al lado de la universidad

6.4 Contesta las preguntas. Después, habla con tu compañero/a sobre el campus de tu universidad. ¿Quién conoce mejor el campus?

a. ¿Vives cerca o lejos de la universidad?

b. ¿Qué edificio está al lado de la biblioteca?

c. ¿Qué edificio está más lejos para ti? ¿Qué estudias o haces allí?

d. ¿Qué hay delante de la universidad?

e. ¿Necesitas un mapa para encontrar los edificios y las clases?

f. ¿Tomas el autobús para moverte por el campus?

📋

APUNTES: El transporte público en México

✓ La mayoría de los mexicanos usa el transporte público.

✓ El transporte colectivo en la Ciudad de México es bastante económico. Los menores de 5 años y los mayores de 60 viajan gratis.

✓ Desde el año 2010 existe el Eco Bus, un transporte menos contaminante.

✓ Algunos autobuses y vagones de metro son exclusivos para mujeres.

✓ Para transportarse dentro de las ciudades o entre los diferentes lugares de México, se usa más el servicio de autobuses.

✓ Solo hay trenes para pasajeros en tres rutas turísticas.

1.A VOCABULARIO: LOS MEDIOS DE TRANSPORTE

autobús = el camión (México), el colectivo (Argentina), la guagua (Caribe), la chivita (Colombia)

metro = el subterráneo = el subte (Argentina)

6.1 Relaciona los medios de transporte con su palabra en español. Después, escucha el audio para comprobar tus respuestas.

50

a. el tren   **d.** el autobús   **g.** el avión

b. el taxi   **e.** la moto   **h.** el metro

c. el barco   **f.** a pie   **i.** la bicicleta (la bici)

Fíjate:

 Estación de metro / tren

Parada de autobús

6.2 Indica qué tipo de transporte prefieres tomar en las siguientes situaciones. Después, comparte las respuestas con tu compañero/a.

Modelo: para ir de tu casa a casa de un amigo ▶ Prefiero ir a pie.

Use **ir en** with transportation to express *to go by*.

a. para ir a la universidad

b. para viajar por el Caribe

c. para ir de vacaciones

d. para visitar a la familia

e. para viajar por la ciudad

f. para ir de una ciudad a otra

6.3 Lee el siguiente blog de una web de viajes de Puerto Rico y completa los espacios en blanco con el medio de transporte adecuado de la lista.

un barco • un carro • a pie • avión • metro • un taxi • el autobús

---

www.puertoricodelencanto.com

✈ *Puerto Rico*

Calle en el Viejo San Juan

¡Hola y bienvenidos a mi blog de Puerto Rico, la isla del encanto! Está más cerca de lo que piensas. Mira, sales de tu ciudad en (a) .... y llegas al aeropuerto de San Juan en poco tiempo. Después tomas (b) .... para ir al Hotel Paraíso. El hotel está cerca de la playa, puedes ir (c) .... todos los días, no necesitas carro. Para conocer el Viejo San Juan, tomas (d) .... que sale del hotel. En el Viejo San Juan no hay (e) ...., pero no es necesario porque el centro no es muy grande. Recomiendo visitar las cavernas de Camuy. Es muy popular alquilar *(rent)* (f) .... para ir hasta allí. Si quieres conocer la Isla de Culebra, toma (g) .... pequeño desde Fajardo. El viaje es de solo cuarenta y cinco minutos y el mar es muy bonito. ¡Que pasen buenas vacaciones!

6.4 Estos son algunos adjetivos para describir los medios de transporte. Relaciona cada adjetivo con su definición. Después, compara con tu compañero/a.

1. rápido/a		**a.** que es limpio y no contamina
2. caro/a		**b.** que tarda *(takes)* poco tiempo
3. lento/a		**c.** que produce polución
4. barato/a		**d.** que tarda mucho tiempo
5. seguro/a		**e.** que tiene riesgo *(risk)*
6. práctico/a		**f.** que es confortable
7. peligroso/a		**g.** que no tiene riesgo
8. cómodo/a		**h.** que es útil
9. contaminante		**i.** que cuesta poco dinero
10. ecológico/a		**j.** que cuesta mucho dinero

6.5 Clasifica cada uno de los adjetivos de la actividad anterior como positivo o negativo en relación con el transporte.

Positivos	Negativos

6.6 Describe los siguientes medios de transporte según tu clasificación de la actividad 6.5. Después, intercambia tus opiniones con un/a compañero/a. ¿Están de acuerdo?

a. Para mí, el carro es… ....

b. Para mí, el avión es… ....

c. Para mí, el tren es… ....

d. Para mí, el metro es… ....

e. Para mí, el barco es… ....

f. Para mí, la moto es… ....

To compare and contrast opinions, use:

- ¿Y para ti?
- Para mí, también.
- Para mí, no.

6.7 Piensa en el futuro del planeta y nuestras responsabilidades. ¿Qué tenemos que hacer, con respecto al transporte, para ser más responsables? Discútelo con tus compañeros y prepara una lista de ideas para presentar a la clase.

HAY	ESTÁ / ESTÁN
» Use **hay** to talk and ask about the existence of people or things. *En mi clase **hay** una pizarra.* In my class, there is a blackboard. *También **hay** muchos libros.* There are many books too.	» Use **está / están** to talk or ask about where someone or something is located. *La pizarra **está** detrás de la mesa.* The blackboard is behind the desk. *Los libros **están** en la estantería.* The books are in the bookshelf.

Formal	Informal

Para pedir información

Perdone / Oiga (usted), ¿**dónde hay** un parque? ¿**Sabe** (usted) **dónde está** la biblioteca?	**Perdona / Oye**, ¿dónde hay un parque? ¿**Sabes** dónde está la biblioteca?

Para responder

Sí, claro / Pues, mire…	Sí, claro / Pues, **mira**… (No), **No lo sé**, lo siento.

6.8 Lee el siguiente artículo sobre Santiago de Chile y subraya todos los *hay / está* que aparecen en el texto.

Santiago de Chile

La capital de Chile está en el centro del país, entre la cordillera de los Andes y el océano Pacífico; es una de las ciudades más recomendadas para hacer turismo. Santiago tiene más de cinco millones de habitantes.

El lugar turístico más visitado es la Plaza de Armas; está en el centro de la ciudad y en ella hay muchos edificios conocidos, como la Catedral Metropolitana. Otro monumento nacional muy famoso es el Palacio de la Moneda, residencia del presidente de la República de Chile.

Los museos más visitados son el Museo Histórico Nacional y el Museo de Bellas Artes.

Santiago no tiene mar, pero sí un río que se llama Mapocho y que cruza toda la ciudad. También hay un parque natural, el Cerro Santa Lucía, una pequeña montaña situada en el centro de la ciudad.

Plaza de Armas

To give directions, use:
- (↑) Sigue/Siga todo recto.
- (→) Gira/Gire a la derecha.
- (←) Gira/Gire a la izquierda.

6.9 (51) Escucha la conversación y señala en el mapa el trayecto que necesita hacer Antonio para llegar al Cerro Santa Lucía.

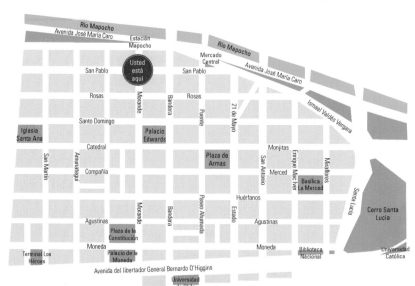

2.A VOCABULARIO: ESTABLECIMIENTOS DE LA CIUDAD

6.10 52 Estos son algunos de los lugares que normalmente encuentras en una ciudad. Escucha y escribe los que faltan. Son cognados.

el ....

el ....

la farmacia

el ....

la zapatería

la librería

el ....

el ....

la ....

el centro comercial

el gimnasio

el ....

el ....

la cafetería / el ....

el ....

la panadería / la pastelería

6.11 Por turnos, pregunta a tu compañero/a dónde tienes que ir:

a. para ver una exposición

b. para comprar medicamentos

c. para comprar diferentes cosas

d. para hacer deporte

e. si estás enfermo/a

f. para comprar zapatos

g. Otros: ....

Modelo: E1: ¿Dónde hay que ir para ver una exposición?

E2: A un museo.

EXPRESAR UBICACIÓN

» **To describe where people or objects are located, use:**

delante de *in front of*	encima de *on top of*	al lado de *next to*
detrás de *behind*	debajo de *under, below*	dentro de *inside*
cerca de *close to, near*	a la izquierda de *to the left of*	entre… y… *between… and…*
lejos de *far from*	a la derecha de *to the right of*	

6.12 Escucha y ordena las imágenes según se mencionan en el audio.

 53

¿Dónde está el perro?

a
b
c
d
e
f
g
h
i
j
k

In Spanish the article **el** contracts with **de** to form **del** and with **a** to form **al**.
- La tienda de ropa está **al** lado **del** supermercado.

6.13 Ahora, mira otra vez las imágenes y completa. Sigue el modelo.

Imagen a: El perro está a la izquierda del televisor.

Imagen b: ....

Imagen c: ....

Imagen d: ....

Imagen e: ....

Imagen f: ....

Imagen g: ....

Imagen h: ....

Imagen i: ....

Imagen j: ....

Imagen k: ....

6.14 Umberto, un muchacho venezolano que vive en Caracas, explica cómo es su barrio *(neighborhood)*. Mira el plano y completa los espacios en blanco con expresiones de ubicación y establecimientos. Después, escucha y comprueba tus respuestas.

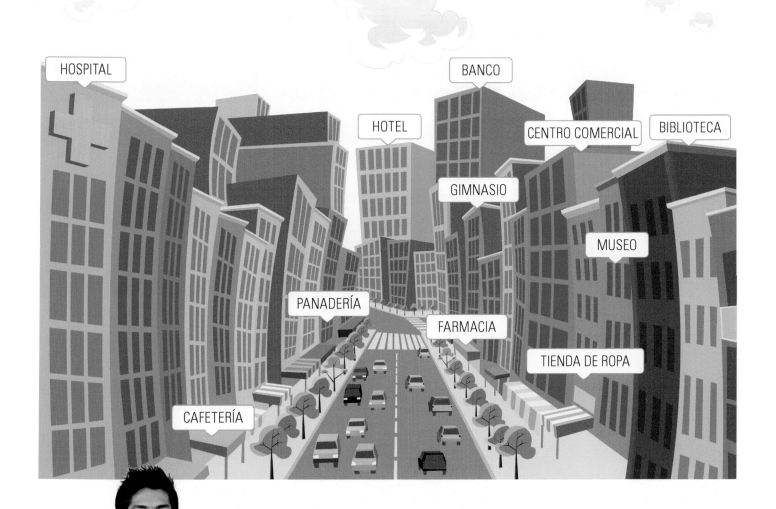

¡Tengo un barrio genial! Vivo en el centro de Caracas. Mi casa está (a) .... la cafetería, en el tercer piso. En mi barrio hay de todo. Enfrente de mi casa hay un (b) .... de arte abstracto, una (c) .... y una tienda de ropa. La tienda de ropa está (d) .... el centro comercial (e) .... el museo. (f) .... mi casa hay un (g) .... al que voy cuando estoy enfermo. Cerca de mi casa hay una panadería y al otro lado de la calle está el (h) .... en el que hago ejercicio tres veces por semana. (i) .... gimnasio hay una farmacia. Cuando mis amigos vienen a visitarme, se alojan en un (j) .... que está al final de la calle. (k) .... hotel está uno de los bancos más grandes de Caracas. Lo único malo es que no hay ningún parque cerca, pero, como digo, es un barrio fantástico. Todo lo que necesito está muy cerca.

6.15 Almudena vive en una pequeña ciudad española. Escucha y ordena las imágenes, según se mencionan en el audio.

6.16 Imagina que este es tu barrio. Elige dónde vives y coloca estos establecimientos en el plano.

a. una cafetería

b. un hospital

c. un gimnasio

d. una farmacia

e. un centro comercial

f. un hotel

g. un banco

h. otro establecimiento
de tu interés ....

6.17 Por turnos, dile a tu compañero/a dónde están situados los establecimientos de tu barrio de la actividad anterior. Él/ella debe señalarlos correctamente.

6.18   Vuelve a leer y escuchar los textos de Umberto y Almudena y anota las ventajas *(advantages)* y desventajas *(disadvantages)* que tiene vivir en dos ciudades tan diferentes.

Vivir en una gran ciudad		Vivir en una ciudad pequeña	
Ventajas	Inconvenientes	Ventajas	Inconvenientes

6.19 En grupos de cuatro, comparen sus anotaciones anteriores y digan dónde prefieren vivir. ¿Están de acuerdo?

6.20 ¿Qué características tiene su barrio ideal? ¿Dónde debe estar situado? ¿Qué establecimientos y lugares debe tener? Sigan las instrucciones para hacer el cartel del barrio ideal.

a. En grupos de cuatro, elaboren una lista con siete características. Tomen nota.

b. Compartan sus ideas con la clase y elaboren una única lista en la pizarra.

c. Formen siete pequeños grupos. Cada uno se encarga de una característica anotada en la pizarra. Tienen que buscar imágenes para el cartel.

d. Pongan en común sus imágenes y elaboren el cartel.

PRONUNCIACIÓN

THE SOUNDS OF *G*, *GU* AND *J*

6.1 Escucha y repite.

ge ▶ **ge**nte	ja ▶ **ja**món	ga ▶ **ga**to	gui ▶ **gui**tarra
gi ▶ **gi**rar	jo ▶ **jo**ven	go ▶ **go**rdo	gue ▶ Mi**gue**l
	ju ▶ **ju**eves	gu ▶ **gu**apo	

6.2 Por turnos, pronuncien las siguientes palabras. Después, escuchen para comprobar su pronunciación.

gamba	agosto
jubilarse	guisante
ajo	guerra
girar	general
jabalí	girasol
agua	página

6.3 Completa los espacios en blanco con *g* o *j*. Después, repite las palabras en voz alta para practicar tu pronunciación.

a. ca..........ón
b. o..........o
c. má..........ico
d. ....untos
e. traba..........o
f. ima..........en

6.4 Completa los espacios en blanco con *g* o *gu*. Después, repite las palabras en voz alta para practicar su pronunciación.

a. ....ato
b. ....orra
c. hambur..........esa
d. ....afas
e. ....azpacho
f. se..........ir

¡EN VIVO!

Un barrio interesante

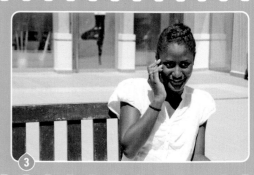

ANTES DEL VIDEO

6.1 Observa las imágenes. Habla con tu compañero/a sobre el tipo de ciudad donde viven Lorena y Eli. ¿Cómo es? Basa tus respuestas en lo que crees que puede ocurrir. Usa tu imaginación.

6.2 Vuelve a mirar la imagen 1 y escribe al menos siete objetos o lugares que aparecen.

6.3 Mira una vez el episodio y marca los elementos que aparecen en la conversación entre Lorena y Eli. Compara con tu compañero/a. ¿Coinciden?

☐ estación de tren ☐ fuente ☐ tienda de ropa ☐ supermercado

☐ banco ☐ librería ☐ parada de bus ☐ estación de metro

☐ cine ☐ farmacia ☐ estatua ☐ centro comercial

☐ iglesia ☐ papelería ☐ museo ☐ parque

☐ gimnasio ☐ zapatería ☐ restaurante ☐ biblioteca

⚙ ESTRATEGIA

Retaining information

When you listen to a video or conversation in Spanish, it is normal not to understand every word, but you should listen and watch for overall understanding. Pay special attention to the important words that provide context to the scene.

DURANTE EL VIDEO

6.4 Para ir de una parte a otra en una ciudad puedes usar diferentes medios de transporte. Completa los siguientes con la preposición correspondiente. ¿Qué medios de transporte aparecen en este segmento del video?

02:25 - 04:18

a. andar/montar .... bicicleta **d.** montar .... metro **g.** ir .... avión

b. ir .... pie **e.** viajar .... tren **h.** viajar .... barco

c. viajar .... autobús **f.** montar .... caballo **i.** ir .... tranvía

6.5 Vuelve a mirar el segmento anterior y elige la opción correcta.

a. Para ir al gimnasio Lorena puede ir **a pie** / **en metro** / **en bici**.

b. Para ir a la biblioteca es mejor ir **a pie** / **en metro** / **en bici**.

c. Para llegar al centro comercial es más rápido ir **a pie** / **en metro** / **en bici**.

6.6 _____ Indica las frases que corresponden a lo que Eli y Lorena comentan en el segmento anterior.

a. ☐ Eli lleva poco tiempo en la ciudad.

b. ☐ Lorena quiere encontrar un gimnasio bueno pero no muy caro.

c. ☐ La biblioteca está un poco lejos de la casa de Lorena.

d. ☐ No es posible ir en bici en la ciudad donde viven Lorena y Eli.

e. ☐ El centro comercial está al sur de la ciudad.

f. ☐ Es posible ir a pie al centro comercial desde la casa de Lorena.

6.7 _____ En este segmento Lorena está un poco perdida y pregunta a un hombre cómo ir al centro comercial (imagen 5). Mira el segmento y ordena las palabras para formar la frase que dice.

`04:28 - 04:41`

todo / Sigue / izquierda, / segunda / recto / calle / tu / y / vas / lo / gira / la / a / y / encontrar / frente. / de / a

Sigue... ....

6.8 _____ Mira la imagen 6. Escribe cinco frases sobre la ubicación _(location)_ de los siguientes elementos. Sigue el modelo.

Modelo: El bazar está al lado de la farmacia.

Los elementos	La ubicación
la estatua • Lorena • la muchacha desconocida • el restaurante la farmacia • Eli • ~~el bazar~~	delante de • a la derecha de a la izquierda de • ~~al lado de~~ enfrente de • encima de

a. ....

b. ....

c. ....

d. ....

e. ....

DESPUÉS DEL VIDEO

6.9 _____ Trabaja con tu compañero/a para encontrar los elementos de la lista de la actividad 6.3 que están en el barrio de tu universidad. ¿Es un barrio interesante? ¿Por qué?

En mi barrio hay...

6.10 _____ Comenta con tu compañero/a qué medios de transporte usas tú habitualmente para moverte en tu ciudad. ¿Cuál no usas nunca? ¿Por qué?

GRAMÁTICA

1. IRREGULAR VERBS *IR, SEGUIR, JUGAR,* AND *CONOCER*

» You have already learned some irregular verbs in Spanish. Verbs such as **hacer** and **salir** that have irregular **yo** forms, verbs that stem change such as **pedir** and **poder**, and verbs that are completely irregular like **ser**. In this next group, we have examples of each of these types. Look at the forms carefully and see if you recognize the pattern.

	IR *(to go)*	SEGUIR *(to follow, continue)*	JUGAR *(to play)*	CONOCER *(to know, be familiar with)*
yo	**voy**	s**i**go	j**ue**go	cono**zc**o
tú	**vas**	s**i**gues	j**ue**gas	conoces
usted/él/ella	**va**	s**i**gue	j**ue**ga	conoce
nosotros/as	**vamos**	seguimos	jugamos	conocemos
vosotros/as	**vais**	seguís	jugáis	conocéis
ustedes/ellos/ellas	**van**	s**i**guen	j**ue**gan	conocen

» The verb **ir** is irregular because it does not follow any pattern. It is usually followed by **a**.
> **Voy** al trabajo en autobús. *I go to work by bus.*
> Nosotros **vamos** al parque para jugar al básquetbol. *We go to the park to play basketball.*

» The verb **seguir** has both an irregular **yo** form and a stem change, e ▶ i.
> **Sigo** las direcciones del mapa. *I follow the directions on the map.*
> Si **sigues** todo recto, llegas a la estación. *If you continue straight, you'll get to the station.*

» The verb **jugar** is the only verb in Spanish that stem changes u ▶ ue. It is usually followed by **a**.
> **Jugamos** a los videojuegos en casa de Rafa. *We play videogames at Rafa's house.*
> Alejandro **juega** al tenis. *Alejandro plays tennis.*

» The verb **conocer** is irregular only in the **yo** form. Use **a** after **conocer** when saying you know or are acquainted with a person.
> **¿Conoces** bien la ciudad? *Do you know the city well?*
> **Conozco** a muchas personas de Cuba. *I know (am acquainted with) many people from Cuba.*

6.1 Completa la conversación entre Graciela y Ángel con la forma correcta de *seguir.* Comprueba las respuestas con tu compañero/a.

Graciela: No conozco muy bien este centro comercial. ¿Dónde está la zapatería que me gusta?
Ángel: Mira, está ahí. (Nosotros) (a) .... todo recto y está a la derecha.
Graciela: ¿Hay una tienda de ropa cerca también?
Ángel: Creo que sí. Pero yo tengo que ir a la librería. Entonces tú (b) .... por aquí para ir a la tienda y yo (c) .... por la izquierda para ir a la librería.
Graciela: Está bien. Cada uno (d) .... su camino y después quedamos en la parada de autobús delante del centro.

6.2 Relaciona de manera lógica los verbos con las frases que están debajo. Después, construye preguntas para entrevistar a tu compañero/a.

1. seguir ▶ ....
3. conocer ▶ ....

2. ir ▶ ....
4. jugar ▶ ....

a. tu familia a tus amigos de la universidad

b. a alguien en twitter

c. tus amigos y tú al fútbol normalmente

d. en autobús, en metro o en carro a la universidad

e. a tus vecinos

f. o paras cuando el semáforo está en amarillo

g. bien la ciudad más cerca de la universidad o necesitas un mapa

h. una dieta con muchas frutas y verduras

i. más al boliche o a las cartas

2. PREPOSITIONS *EN, A, DE*

» As you have seen, certain verbs of motion are often followed by prepositions **a**, **en**, or **de**.
  – Use **en** with modes of transportation.
    *Viajamos **en** coche.* *We travel by car.*
  – Use **a** to express destination.
    *Mis padres van **al** supermercado.* *My parents are going to the supermarket.*
  – Use **de** to express origin or point of departure.
    *Salgo **de** mi casa a las nueve.* *I leave my house at nine o'clock.*

When **a** is followed by **el** it contracts to form **al**.

a + **el** = **al**

Remember:

Use **a** with people after the verb **conocer**.

Use **a** with sports after the verb **jugar**.

To go on vacation ▶ ir **de** vacaciones

To take a trip ▶ ir **de** viaje

6.3 Completa las oraciones con *a, al, en, de* o *del*. ¡Atención!, hay una oración que no necesita preposición. Después, usa las preguntas para entrevistar a tu compañero/a.

a. ¿Conoces .... muchos estudiantes en tu clase de español?

b. ¿Te gusta jugar .... los videojuegos en tu tiempo libre o prefieres montar .... bici?

c. ¿Vives cerca .... centro comercial más grande de tu pueblo o ciudad?

d. ¿Te gusta ir .... los partidos de fútbol americano?

e. ¿Vas .... gimnasio?

f. ¿Conoces .... la ciudad de Nueva York?

g. ¿Vas .... la universidad .... carro o............ pie?

6.4 Completa las siguientes conversaciones con los verbos y las preposiciones de la lista. Después practica las conversaciones con tu compañero/a y prepara una similar para presentar en clase.

jugamos • en • ir • a • conoces • de • voy • sigues • en • vas • vamos

a. ● ¿Cómo puedo (a) .... a la casa de tu hermano?
   ● Para ir (b) .... su casa (c) .... todo recto por la calle Real, giras a la derecha y caminas diez minutos aproximadamente. La casa está (d) .... la calle Paz. Si *(if)* vas (e) .... autobús, es mejor.

b. ● ¿(f) .... dónde es Juan?
   ● ¿(g) .... a Juan?
   ● Claro, todos los domingos (h) .... con él a jugar al tenis y en verano (i) .... de vacaciones juntos.

c. ● ¿Dónde (j) ....?
   ● Al campo de fútbol. Mis amigos y yo (k) .... al fútbol por la tarde.

3. DIRECT OBJECT PRONOUNS

» Just as we use subject pronouns to avoid repetition of names, we use direct object pronouns to refer to someone or something already mentioned.

*¿Dónde compras **los boletos**?*
*Where do you buy **the tickets**?* ⟩ Direct object of the sentence.

***Los** compro en la taquilla del metro.*
*I buy **them** at the subway ticket booth.* ⟩ Direct object pronoun replaces the noun.

*¿Conoces **a Pedro**?*
*Do you know **Pedro**?* ⟩ Direct objects can be people or things. Remember to use **a** before direct objects that are people.

*Sí, **lo** conozco de la universidad.*
*Yes, I know **him** from school.* ⟩ Direct object pronouns must agree with the noun they replace.

» Here are the direct object pronouns in Spanish:

me	nos
te	os
lo / la	los / las

» In Spanish, direct object pronouns are placed before the conjugated verbs.

*Uso **la computadora** todos los días.* ▶ ***La** uso todos los días.*
*Pongo **el mapa** en la mochila.* ▶ ***Lo** pongo en la mochila.*
*Llamo **a mis amigas** por teléfono.* ▶ ***Las** llamo por teléfono.*

6.5 Relaciona cada descripción con el medio de transporte que le corresponde. Después, prepara descripciones para los medios que no las tienen y compártelas con tu compañero/a.

> Modelo: E1: Lo necesitamos cuando el autobús no llega. ¿Qué es?
> E2: El taxi.

1. Lo usamos para viajar por el mar Mediterráneo.
2. Muchos jóvenes la usan para no gastar gasolina.
3. Los estudiantes los toman para ir a la escuela.
4. Mi hermano la usa porque es más rápida que la bici.
5. Los usan las personas que viven en las ciudades.
6. Lo usa la gente que tiene que viajar largas distancias en poco tiempo.
7. ¿…?
8. ¿…?
9. ¿…?

a. el tren
b. la moto
c. el barco
d. la bicicleta
e. los autobuses
f. el carro
g. el metro y el taxi
h. el avión
i. el taxi

6.6 Escucha las siguientes conversaciones y señala de qué hablan.

58

Conversación a	Conversación b	Conversación c	Conversación d
☐ unos zapatos	☐ una colonia	☐ unas revistas	☐ unas papas
☐ unas botas	☐ un perfume	☐ unos periódicos	☐ unas plantas
		☐ unos libros	☐ unos tomates

6.7 Identifica los siguientes establecimientos y personas según tus preferencias. Después, pregúntale a tu compañero/a si los conoce también. Añade más información para continuar la conversación.

> **Modelo:** tu restaurante favorito
> E1: Mi restaurante favorito es El Quijote. ¿Lo conoces?
> E2: Sí, lo conozco. / No, no lo conozco.
> E1: ¿Y te gusta?
> E2: …

a. tu museo favorito	**d.** tu supermercado favorito	**g.** tu deportista favorito
b. tu actriz favorita	**e.** tu tienda de ropa favorita	**h.** tu profesor/a favorito/a
c. tu ciudad favorita	**f.** tu parque favorito	**i.** tu película favorita

4. ADVERBS OF QUANTITY

» Adverbs of quantity tell how much something is done.

demasiado	*too much*	Luis trabaja **demasiado**.
mucho	*very much, a lot*	Ana viaja **mucho**.
bastante	*enough*	Pedro estudia **bastante**.
poco	*very little, not much*	Rosa estudia **poco**.

» **Muy** can be used to intensify how an action is done (adverb) and a description (adjective).
  *Olivia habla **muy** bien.* Olivia speaks very well.
  *Es **muy** inteligente.* She is very intelligent.

» **Mucho**, when used after a verb, means *very much* or *a lot*. Before a noun, **mucho** expresses quantity and functions as an adjective. Note that, as an adjective, **mucho** must agree with the noun in number and gender.

Adverb: *Juana come **mucho**.* Juana eats a lot.
Adjective: *Juana come **muchas palomitas**.* Juana eats a lot of popcorn.
          *Creo que compras **muchos zapatos**.* I think you buy a lot of (many) shoes.

6.8 Elige la opción correcta.

a. Mi hermano nunca *(never)* va al gimnasio. No le gusta **poco / mucho** hacer deporte.

b. Jaime come **demasiado / poco**: solo una ensalada para comer y fruta para cenar.

c. Todos los días leo el periódico y una revista. Leo **poco / bastante**.

d. Mi padre trabaja doce horas al día. Trabaja **demasiado / bastante**.

6.9 Clasifica las palabras según se usen con *muy* o *mucho/a* y escribe un ejemplo para cada una. Compara tus frases con un compañero/a. ¿Están de acuerdo?

	Muy	Mucho/a
a. guapa		
b. sueño		
c. frío		
d. trabajador		
e. divertido		
f. paciencia		
g. simpática		
h. alegría		

VIDEOCLASES
11 Y **12**

1. COMPRENSIÓN DE LECTURA

6.1 Juan Carlos es de Santiago de Chile y Ana de Madrid, pero viven en Barcelona y Ciudad de México, respectivamente. Observa las fotos y lee los correos que se escriben. Después, elige las dos imágenes de los transportes que se mencionan y la ciudad a la que pertenecen.

6.2 Lee los correos otra vez y elije las palabras clave (conocidas o no) de los textos.

⚙️ ESTRATEGIA

Identifying keywords

A keyword is a word that serves as the key to the meaning of a sentence or passage. Skim the text to determine the focus of the reading. Then skim the text again by sections and identify the targeted information or keywords. Try to guess the meaning of unfamiliar keywords. Is it a cognate? Is it similar to another word you know in Spanish? Is it part of a word family you recognize?

●●● Asunto: ¡Ya estoy en Ciudad de México!

De: Ana **Para:** Juan Carlos

Hola, Juan Carlos. ¿Cómo estás?
Yo estoy muy contenta en Ciudad de México. Es una ciudad muy bonita y muy grande. Vivo muy lejos de mi trabajo y todos los días tomo varios autobuses.
Aquí hay muchos medios de transporte: el metro, el tren ligero, el metrobús, el trolebús, el microbús, los camiones y el ecobús, un transporte menos contaminante.
Pero lo más extraño para mí son unos autobuses rosas, solo para mujeres. Pertenecen al "Programa Atenea", y son gratis para las mujeres embarazadas y las de la tercera edad. ¡Qué curioso!, ¿verdad?
Y tú, ¿qué tal en Barcelona? ¿Y en el hospital?
Un abrazo, Ana

●●● Asunto: RE: ¡Ya estoy en Ciudad de México!

De: Juan Carlos **Para:** Ana

¡Hola, Ana!
¡Qué curioso el Programa Atenea! Aquí en Barcelona no hay nada similar...
Yo voy al hospital en bicicleta. En Barcelona no tenemos ecobús, pero sí tenemos Bicing, es un medio de transporte público que permite ir por la ciudad en bicicleta. ¡Es genial! No contamina y además es bastante económico. Hay muchas estaciones Bicing por toda la ciudad, la mayoría está muy cerca de las estaciones de metro, de tren y de los aparcamientos públicos.
Increíble, ¿no? ¡Yo practicando deporte!
Bueno, Ana, me despido ya, que me voy al hospital.
Un beso, Juan Carlos

6.3 Lee las siguientes afirmaciones y di a qué ciudad pertenecen, según la información de los correos.

	Ciudad
a. El ecobús es uno de los transportes menos contaminantes de la ciudad.	
b. No existe el Programa Atenea ni nada similar.	
c. Hay muchas estaciones de Bicing por toda la ciudad.	
d. Hay autobuses solo para mujeres.	

6.4 ¿Hay alguna palabra clave que todavía no entiendes?

2. EXPRESIÓN ESCRITA

6.5 Lee la información sobre las siguientes personas. Piensa en los lugares de tu ciudad o región que les pueden interesar. Prepara una lista.

Elena y Diego
"Nos encanta la aventura y la naturaleza. Siempre vamos de vacaciones a lugares con muchos árboles, flores, ríos y lagos".

Daniela
"A mí me encanta tomar el sol y descansar".

Macarena
"Prefiero visitar ciudades y lugares donde puedo aprender sobre la historia y la cultura de esa región".

Enrique y Marta
"Estamos muy enamorados y queremos un lugar especial y romántico".

6.6 Escribe un correo a una de las personas anteriores explicándole qué hay en tu ciudad o pueblo que le va a gustar.

 ESTRATEGIA

Persuasion

Give specific information and concrete examples to persuade your readers. Think about the necessary information beforehand and organize it in a way that is easy for you to reference as you write. Creating a chart with categories such as **lugar**, **descripción (qué hay)**, **actividades**, and **opiniones** will help you create a stronger argument.

3. INTERACCIÓN ORAL

6.7 Cuéntale a tu compañero/a qué lugar de los siguientes es el mejor para ti y explícale por qué.

Para las vacaciones... ¡elige tu destino favorito!

a. Teotihuacán es una zona arqueológica a cuarenta kilómetros de la capital. Tiene muchos restos arqueológicos y puedes aprender mucho sobre la historia antigua de México. Hay edificios estupendos como las pirámides del Sol y la Luna.

b. Guanajuato es un lugar romántico, donde las leyendas y la tradición son los ingredientes principales. Tiene calles tranquilas para caminar durante horas y restaurantes muy íntimos.

c. En Playa del Carmen hay hermosas playas, con aguas de color turquesa del mar Caribe. Puedes descansar y tomar el sol mientras escuchas el relajante sonido del mar.

d. En Chihuahua, las Barrancas del Cobre son un gran espectáculo. Hay grandes montañas y puedes admirar paisajes fantásticos además de observar la naturaleza. Es posible viajar en tren, a caballo, en bicicleta, a pie o en kayak. En la ciudad, la catedral es una de las más importantes del norte de México.

 ESTRATEGIA

Seeking feedback

As you practice with a partner, seek his or her feedback to correct errors you have made and to improve your overall performance. Remember to use correct intonation and to pronounce words clearly.

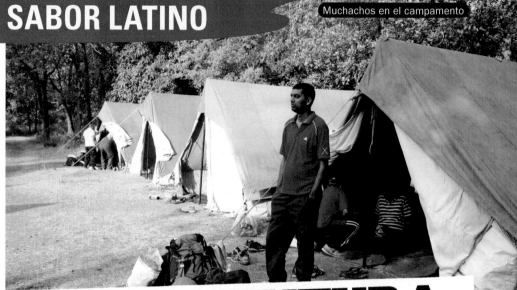

Muchachos en el campamento

TURISMO DE AVENTURA

La Ruta Quetzal es un viaje de España a América Latina. En la ruta participan trescientos cincuenta jóvenes de cincuenta países. En América Latina estudian historia y cultura. ¿Te interesa? Descubre cómo ser monitor y vive la aventura de tu vida.

LA RUTA QUETZAL, ¿QUÉ ES?

La Ruta Quetzal es una expedición de España a América Latina en la que participan más de trescientos muchachos y muchachas de dieciséis y diecisiete años de todo el mundo. El viaje se hace en barco desde España y, al llegar al país de destino, se estudian aspectos de su naturaleza, historia o geografía.

Este viaje combina el intercambio* cultural y la aventura. Desde su creación, más de nueve mil jóvenes de todo el mundo han viajado y descubierto la geografía, cultura, historia y sociedad de más de veintinueve países o zonas geográficas de toda América Latina.

> ¿Has participado* alguna vez en una expedición, aventura o intercambio cultural? ¿En qué tipo de expedición te gustaría participar?

HISTORIA DE LA RUTA

En 1979, el entonces Rey* de España Juan Carlos I pidió al reportero y aventurero Miguel de la Quadra-Salcedo la creación de un programa de intercambio cultural entre los países de habla hispana.

«El mensaje* estaba claro», dice De la Quadra-Salcedo, «los jóvenes participantes debían aprender y reflexionar sobre el pasado, sobre la historia de los países de América Latina, y también sobre el futuro desde un punto de vista antropológico y medioambiental*».

La expedición es, desde 1990, un programa cultural declarado de Interés Universal por la Unesco.

> ¿Qué crees que aportan* los intercambios culturales de este tipo? ¿Por qué?

CUBA

«Yo trabajé de monitor en la ruta que siguió los pasos de Cristóbal Colón en su segundo viaje, en 1493», dice Federico Pérez.

«Viajamos desde las islas Canarias, España, hacia Puerto Rico y República Dominicana. Después visitamos Cuba. En La Habana comimos el congrí, un plato típico de arroz con frijoles, visitamos edificios de estilo colonial y aprendimos sobre la cultura de los taínos, los primeros habitantes de la isla».

> ¿Qué aspectos definen la identidad de un país? (Por ejemplo, la historia, la gastronomía, las costumbres sociales, etc.). ¿Por qué?

Grupo en una de sus expediciones

REPÚBLICA DOMINICANA Y PUERTO RICO

Marta Velázquez, monitora de la ruta, dice: «Yo participé en la ruta cuando tenía dieciséis años. Fue una gran experiencia. Durante mi primera expedición visitamos las montañas de República Dominicana para conmemorar el quinto centenario de la Carta de Jamaica, un documento que escribió Cristóbal Colón en 1503, durante su cuarto viaje al Caribe.

Colón buscaba el «paraíso» y pensaba que este estaba en las montañas próximas a Santo Domingo, capital de República Dominicana. En aquella época, la isla se llamaba La Española.

Después fuimos en barco hasta el puerto de Mayagüez, en la isla de Puerto Rico. Allí visitamos el observatorio astronómico de Arecibo, recorrimos la montaña del Yunque dentro del Parque Nacional de Estados Unidos… En fin, la experiencia me gustó mucho y me convertí en monitora de la expedición. He visitado varios países latinoamericanos desde entonces».

Ilustración de los colonizadores españoles en Cuba

CÓMO SER MONITOR

Cada año, la Ruta Quetzal busca gente entre veinticuatro y veintiocho años para acompañar a los jóvenes aventureros durante su expedición. «Los monitores deben tener título universitario, licenciado, máster o doctor, y una titulación específica de socorrista* acuático y terrestre. Además, es importante tener conocimientos* sobre la cultura, historia y geografía de América Latina», dice un organizador de la ruta.

«Si te interesa la aventura, las expediciones y otras culturas, esta experiencia es para ti», dice José Pablo García Báez, exmonitor de la ruta y autor del libro *Mentores de la aventura: diario de un monitor de la Ruta Quetzal*».

¿Qué habilidades piensas que se necesitan para ser monitor de una expedición internacional?

REALIZA UNA INVESTIGACIÓN RÁPIDA PARA ENCONTRAR LOS DATOS SIGUIENTES:

a ¿Qué países visitó la expedición de la Ruta Quetzal el pasado año?

b ¿Cuántos días dura la expedición?

c ¿Qué es un quetzal?

Fuentes: Ruta Quetzal, BBVA, José Pablo García Báez, Universidad Complutense de Madrid y entrevistas.

¿Has visitado algún país latinoamericano? ¿Te gustaría visitar América Latina? ¿Qué países te gustaría visitar? ¿Por qué?

GLOSARIO

aportan – (they) bring

me convertí – (I) became

el entonces Rey – the then king

el intercambio – exchange

medioambiental – environmental

el mensaje – message

has participado – have you ever taken part

pensaba – (he) thought

el quinto centenario –500th anniversary

recorrimos – (we) went all over

el socorrista – first responder

tener conocimientos

– to have some knowledge

VOCES ATINAS

Turismo de aventura

EN RESUMEN

¿QUÉ HAS APRENDIDO?

Situación

Recados y conversaciones

You are out and about the city running errands, doing some window shopping, and stopping to talk to people.

	ACTION
Get around in a city	**6.1** Tienes una lista de cosas para hacer hoy por la ciudad, pero solo puedes leer el nombre de las tiendas y no qué tienes que hacer o comprar allí. Completa la lista de manera lógica.

        librería   estación de metro   tienda de ropa   pastelería

buscar ▶

comprar ▶

Ask for and give directions

6.2 Hay muchos turistas hoy en el centro y necesitan tu ayuda. Haz turnos con tu compañero/a para hacer el papel de turista y usa el mapa para indicarle cómo puede ir a los diferentes lugares. Practiquen con las expresiones para pedir y dar información.

Estudiante A:
a. centro comercial
b. hospital
c. museo

Estudiante B:
a. cine
b. supermercado
c. parque

Describe where things are located

6.3 Al pasar por unos escaparates *(shop windows)* ves algunas cosas que te gustan y decides entrar a comprarlas. Explica al dependiente dónde están situadas esas cosas. Después, comparte tus descripciones con tu compañero/a. ¿Son similares?

Talk about means of transportation

6.4 Ahora estás en la parada de autobús para volver a casa, pero el autobús no llega. Mientras esperas, hablas con una de las personas que también esperan sobre los medios de transporte de la ciudad: cómo son, cuáles prefieres, por qué, etc.

LISTA DE VOCABULARIO

Expresiones de lugar
Adverbs of place

a la derecha de to the right of
a la izquierda de to the left of
al lado de next to
cerca de close to, near
debajo de under, below
delante de in front of
dentro de inside
detrás de behind
encima de on top of
entre between
lejos de far from

Verbos Verbs

conocer to know, to be familiar with
girar to turn
hay there is, there are
ir to go
ir a pie to go on foot
ir de vacaciones to go on vacation
ir de viaje to go on a trip
jugar to play
seguir to follow, to continue

Medios de transporte
Means of transportation

el autobús bus
el avión airplane
el barco ship
el metro subway
la moto motorcycle
el taxi taxi
el tren train

Descripciones Descriptions

barato/a inexpensive
caro/a expensive
cómodo/a comfortable
contaminante contaminant, pollutant
ecológico/a ecological
incómodo/a uncomfortable
lento/a slow
peligroso/a dangerous
rápido/a fast
seguro/a safe, certain

Establecimientos de la ciudad. Places in the city

el banco bank
el centro comercial shopping center, mall
el cine movie theater
la estación de metro subway station
la estación de tren train station
la farmacia pharmacy
el gimnasio gym
el hospital hospital
el hotel hotel
la librería bookstore
el museo museum
la panadería bread shop
la parada de autobús bus stop
la pastelería bakery
el supermercado supermarket
el teatro theater
la tienda de ropa clothing store
la zapatería shoe store

Preposiciones Prepositions

a, al to, to the (masculine)
de, del from, from the (masculine)
en on

Adverbios de cantidad
Adverbs of quantity

bastante enough
demasiado too much
mucho very much, a lot
muy very
poco very little, not much

TABLA DE VERBOS

PRESENT INDICATIVE OF REGULAR VERBS

−AR CANTAR	−ER COMER	−IR VIVIR
cant**o**	com**o**	viv**o**
cant**as**	com**es**	viv**es**
cant**a**	com**e**	viv**e**
cant**amos**	com**emos**	viv**imos**
cant**áis**	com**éis**	viv**ís**
cant**an**	com**en**	viv**en**

PRESENT TENSE OF REGULAR REFLEXIVE VERBS

BAÑARSE	DUCHARSE	LAVARSE	LEVANTARSE	PEINARSE
me baño	**me** ducho	**me** lavo	**me** levanto	**me** peino
te bañas	**te** duchas	**te** lavas	**te** levantas	**te** peinas
se baña	**se** ducha	**se** lava	**se** levanta	**se** peina
nos bañamos	**nos** duchamos	**nos** lavamos	**nos** levantamos	**nos** peinamos
os bañáis	**os** ducháis	**os** laváis	**os** levantáis	**os** peináis
se bañan	**se** duchan	**se** lavan	**se** levantan	**se** peinan

PRESENT TENSE OF IRREGULAR REFLEXIVE VERBS

ACORDARSE	ACOSTARSE	DESPERTARSE	REÍRSE	VESTIRSE
me ac**ue**rdo	**me** ac**ue**sto	**me** desp**ie**rto	**me** río	**me** v**i**sto
te ac**ue**rdas	**te** ac**ue**stas	**te** desp**ie**rtas	**te** ríes	**te** v**i**stes
se ac**ue**rda	**se** ac**ue**sta	**se** desp**ie**rta	**se** ríe	**se** v**i**ste
nos acordamos	**nos** acostamos	**nos** despertamos	**nos** reímos	**nos** vestimos
os acordáis	**os** acostáis	**os** despertáis	**os** reís	**os** vestís
se ac**ue**rdan	**se** ac**ue**stan	**se** desp**ie**rtan	**se** ríen	**se** v**i**sten

VERBS LIKE *GUSTAR*

DOLER	ENCANTAR	MOLESTAR	PARECER
me duele/duelen	**me** encanta/encantan	**me** molesta/molestan	**me** parece/parecen
te duele/duelen	**te** encanta/encantan	**te** molesta/molestan	**te** parece/parecen
le duele/duelen	**le** encanta/encantan	**le** molesta/molestan	**le** parece/parecen
nos duele/duelen	**nos** encanta/encantan	**nos** molesta/molestan	**nos** parece/parecen
os duele/duelen	**os** encanta/encantan	**os** molesta/molestan	**os** parece/parecen
les duele/duelen	**les** encanta/encantan	**les** molesta/molestan	**les** parece/parecen

IRREGULAR VERBS IN THE PRESENT INDICATIVE

CERRAR	COMENZAR	CONCLUIR	CONDUCIR
c**ie**rro	com**ie**nzo	conclu**y**o	condu**zc**o
c**ie**rras	com**ie**nzas	conclu**y**es	conduces
c**ie**rra	com**ie**nza	conclu**y**e	conduce
cerramos	comenzamos	concluimos	conducimos
cerráis	comenzáis	concluís	conducís
c**ie**rran	com**ie**nzan	conclu**y**en	conducen

CONOCER	CONSTRUIR	CONTRIBUIR	DAR
cono**zc**o	constru**y**o	contribu**y**o	**doy**
conoces	constru**y**es	contribu**y**es	das
conoce	constru**y**e	contribu**y**e	da
conocemos	construimos	contribuimos	damos
conocéis	construís	contribuís	dais
conocen	constru**y**en	contribu**y**en	dan

DECIR	DESTRUIR	DORMIR	EMPEZAR
digo	destru**y**o	d**ue**rmo	emp**ie**zo
d**i**ces	destru**y**es	d**ue**rmes	emp**ie**zas
d**i**ce	destru**y**e	d**ue**rme	emp**ie**za
decimos	destruimos	dormimos	empezamos
decís	destruís	dormís	empezáis
d**i**cen	destru**y**en	d**ue**rmen	emp**ie**zan

ENCONTRAR	ENTENDER	ESTAR	HACER
enc**ue**ntro	ent**ie**ndo	**estoy**	**hago**
enc**ue**ntras	ent**ie**ndes	**estás**	haces
enc**ue**ntra	ent**ie**nde	**está**	hace
encontramos	entendemos	**estamos**	hacemos
encontráis	entendéis	**estáis**	hacéis
enc**ue**ntran	ent**ie**nden	**están**	hacen

HUIR	IR	JUGAR	MERENDAR
hu**y**o	**voy**	ju**e**go	mer**ie**ndo
hu**y**es	**vas**	ju**e**gas	mer**ie**ndas
hu**y**e	**va**	ju**e**ga	mer**ie**nda
huimos	**vamos**	jugamos	merendamos
huis	**vais**	jugáis	merendáis
hu**y**en	**van**	ju**e**gan	mer**ie**ndan

OÍR	PEDIR	PENSAR	PERDER
oigo	p**i**do	p**ie**nso	p**ie**rdo
o**y**es	p**i**des	p**ie**nsas	p**ie**rdes
o**y**e	p**i**de	p**ie**nsa	p**ie**rde
oímos	pedimos	pensamos	perdemos
oís	pedís	pensáis	perdéis
o**y**en	p**i**den	p**ie**nsan	p**ie**rden

PODER	PONER	PROTEGER	QUERER
p**ue**do	**pongo**	prote**j**o	qu**ie**ro
p**ue**des	pones	proteges	qu**ie**res
p**ue**de	pone	protege	qu**ie**re
podemos	ponemos	protegemos	queremos
podéis	ponéis	protegéis	queréis
p**ue**den	ponen	protegen	qu**ie**ren

RECORDAR	SABER	SALIR	SER
rec**ue**rdo	**sé**	**salgo**	**soy**
rec**ue**rdas	sabes	sales	**eres**
rec**ue**rda	sabe	sale	**es**
recordamos	sabemos	salimos	**somos**
recordáis	sabéis	salís	**sois**
rec**ue**rdan	saben	salen	**son**

SERVIR	SOÑAR	TENER	TRADUCIR
s**i**rvo	s**ue**ño	**tengo**	tradu**zc**o
s**i**rves	s**ue**ñas	t**ie**nes	traduces
s**i**rve	s**ue**ña	t**ie**ne	traduce
servimos	soñamos	tenemos	traducimos
servís	soñáis	tenéis	traducís
s**i**rven	s**ue**ñan	t**ie**nen	traducen

TRAER	VENIR	VER	VOLVER
traigo	**vengo**	**veo**	v**ue**lvo
traes	v**ie**nes	ves	v**ue**lves
trae	v**ie**ne	ve	v**ue**lve
traemos	venimos	vemos	volvemos
traéis	venís	veis	volvéis
traen	v**ie**nen	ven	v**ue**lven

PRETERIT

Regular verbs

-AR CANTAR	-ER COMER	-IR VIVIR
cant**é**	com**í**	viv**í**
cant**aste**	com**iste**	viv**iste**
cant**ó**	com**ió**	viv**ió**
cant**amos**	com**imos**	viv**imos**
cant**asteis**	com**isteis**	viv**isteis**
cant**aron**	com**ieron**	viv**ieron**

Irregular verbs

ANDAR	CAER	COMENZAR	CONCLUIR
anduve	caí	comen**c**é	concluí
anduviste	caíste	comenzaste	concluiste
anduvo	ca**yó**	comenzó	conclu**yó**
anduvimos	caímos	comenzamos	concluimos
anduvisteis	caísteis	comenzasteis	concluisteis
anduvieron	ca**yeron**	comenzaron	conclu**yeron**

CONSTRUIR	CONTRIBUIR	DAR	DECIR
construí	contribuí	**di**	**dije**
construiste	contribuiste	**diste**	**dijiste**
constru**yó**	contribu**yó**	**dio**	**dijo**
construimos	contribuimos	**dimos**	**dijimos**
construisteis	contribuisteis	**disteis**	**dijisteis**
constru**yeron**	contribu**yeron**	**dieron**	**dijeron**

DESTRUIR	DORMIR	ELEGIR	EMPEZAR
destruí	dormí	elegí	empe**c**é
destruiste	dormiste	elegiste	empezaste
destru**yó**	d**u**rmió	el**i**gió	empezó
destruimos	dormimos	elegimos	empezamos
destruisteis	dormisteis	elegisteis	empezasteis
destru**yeron**	d**u**rmieron	el**i**gieron	empezaron

ESTAR	HABER	HACER	IR
estuve	**hubo**	**hice**	**fui**
estuviste		**hiciste**	**fuiste**
estuvo		**hizo**	**fue**
estuvimos		**hicimos**	**fuimos**
estuvisteis		**hicisteis**	**fuisteis**
estuvieron		**hicieron**	**fueron**

JUGAR	LEER	MEDIR	MORIR
ju**gu**é	leí	medí	morí
jugaste	leíste	mediste	moriste
jugó	le**yó**	m**i**dió	m**u**rió
jugamos	leímos	medimos	morimos
jugasteis	leísteis	medisteis	moristeis
jugaron	le**yeron**	m**i**dieron	m**u**rieron

OÍR	PEDIR	PESCAR	PODER
oí	pedí	pes**qu**é	**pude**
oíste	pediste	pescaste	**pudiste**
o**yó**	p**i**dió	pescó	**pudo**
oímos	pedimos	pescamos	**pudimos**
oísteis	pedisteis	pescasteis	**pudisteis**
o**yeron**	p**i**dieron	pescaron	**pudieron**

PONER	QUERER	SABER	SER
puse	**quise**	**supe**	**fui**
pusiste	**quisiste**	**supiste**	**fuiste**
puso	**quiso**	**supo**	**fue**
pusimos	**quisimos**	**supimos**	**fuimos**
pusisteis	**quisisteis**	**supisteis**	**fuisteis**
pusieron	**quisieron**	**supieron**	**fueron**

SERVIR	SONREÍR	TENER	TRADUCIR
serví	sonreí	**tuve**	**traduje**
serviste	sonreíste	**tuviste**	**tradujiste**
si**r**vió	sonr**i**ó	**tuvo**	**tradujo**
servimos	sonreímos	**tuvimos**	**tradujimos**
servisteis	sonreísteis	**tuvisteis**	**tradujisteis**
si**r**vieron	sonr**i**eron	**tuvieron**	**tradujeron**

TRAER	VENIR	VER
traje	**vine**	**vi**
trajiste	**viniste**	**viste**
trajo	**vino**	**vio**
trajimos	**vinimos**	**vimos**
trajisteis	**vinisteis**	**visteis**
trajeron	**vinieron**	**vieron**

IMPERFECT

Regular verbs

-AR CANTAR	-ER COMER	-IR VIVIR
cant**aba**	com**ía**	viv**ía**
cant**abas**	com**ías**	viv**ías**
cant**aba**	com**ía**	viv**ía**
cant**ábamos**	com**íamos**	viv**íamos**
cant**abais**	com**íais**	viv**íais**
cant**aban**	com**ían**	viv**ían**

Irregular verbs

SER	IR	VER
era	**iba**	**veía**
eras	**ibas**	**veías**
era	**iba**	**veía**
éramos	**íbamos**	**veíamos**
erais	**ibais**	**veíais**
eran	**iban**	**veían**

PRESENT PERFECT

Regular verbs

-AR CANTAR	-ER COMER	-IR VIVIR
he cant**ado**	he com**ido**	he viv**ido**
has cant**ado**	has com**ido**	has viv**ido**
ha cant**ado**	ha com**ido**	ha viv**ido**
hemos cant**ado**	hemos com**ido**	hemos viv**ido**
habéis cant**ado**	habéis com**ido**	habéis viv**ido**
han cant**ado**	han com**ido**	han viv**ido**

Irregular past participles

abrir	▶ **abierto**	freír	▶ **frito**	resolver	▶ **resuelto**
absolver	▶ **absuelto**	hacer	▶ **hecho**	revolver	▶ **revuelto**
cubrir	▶ **cubierto**	imprimir	▶ **impreso**	romper	▶ **roto**
decir	▶ **dicho**	morir	▶ **muerto**	ver	▶ **visto**
escribir	▶ **escrito**	poner	▶ **puesto**	volver	▶ **vuelto**

AFFIRMATIVE AND NEGATIVE COMMANDS

Regular verbs

CANTAR	COMER	VIVIR
cant**a** / no cant**es**	com**e** / no com**as**	viv**e** / no viv**as**
(no) cant**e**	(no) com**a**	(no) viv**a**
(no) cant**en**	(no) com**an**	(no) viv**an**

Irregular verbs

CAER	CONDUCIR	CONOCER	CONSTRUIR	CONTAR
cae / no **caigas**	conduce / no condu**zc**a	conoce / no cono**zc**as	constru**y**e / no constru**y**as	c**ue**nta / no c**ue**ntes
(no) **caiga**	(no) condu**zc**a	(no) cono**zc**a	(no) constru**y**a	(no) c**ue**nte
(no) **caigan**	(no) condu**zc**an	(no) cono**zc**an	(no) constru**y**an	(no) c**ue**nten

DECIR	DORMIR	ELEGIR	EMPEZAR	HACER
di / no **digas**	d**ue**rme / no d**ue**rmas	el**i**ge / no el**ij**as	emp**iez**a / no emp**iec**es	**haz** / no **hagas**
(no) **diga**	(no) d**ue**rma	(no) el**ij**a	(no) emp**iec**e	(no) **haga**
(no) **digan**	(no) d**ue**rman	(no) el**ij**an	(no) emp**iec**en	(no) **hagan**

HUIR	IR	JUGAR	LLEGAR	OÍR
hu**y**e / no hu**y**as	**ve** / no **vayas**	j**ue**ga / no j**uegu**es	llega / no lle**gu**es	o**y**e / no **oigas**
(no) hu**y**a	(no) **vaya**	(no) j**uegu**e	(no) lle**gu**e	(no) **oiga**
(no) hu**y**an	(no) **vayan**	(no) j**uegu**en	(no) lle**gu**en	(no) **oigan**

PEDIR	PENSAR	PONER	SABER	SALIR
p**i**de / no p**i**das	p**ie**nsa / no p**ie**nses	**pon** / no **pongas**	sabe / no **sepas**	**sal** / no **salgas**
(no) p**i**da	(no) p**ie**nse	(no) **ponga**	(no) **sepa**	(no) **salga**
(no) p**i**dan	(no) p**ie**nsen	(no) **pongan**	(no) **sepan**	(no) **salgan**

SER	TENER	VENIR	VESTIR	VOLVER
sé / no **seas**	**ten** / no **tengas**	**ven** / no **vengas**	v**i**ste / no v**i**stas	v**ue**lve / no v**ue**lvas
(no) **sea**	(no) **tenga**	(no) **venga**	(no) v**i**sta	(no) v**ue**lva
(no) **sean**	(no) **tengan**	(no) **vengan**	(no) v**i**stan	(no) v**ue**lvan

FUTURE TENSE

Regular verbs

CANTAR	COMER	VIVIR
cantar**é**	comer**é**	vivir**é**
cantar**ás**	comer**ás**	vivir**ás**
cantar**á**	comer**á**	vivir**á**
cantar**emos**	comer**emos**	vivir**emos**
cantar**éis**	comer**éis**	vivir**éis**
cantar**án**	comer**án**	vivir**án**

Irregular verbs

CABER	DECIR	HABER	HACER
cabré	**diré**	**habré**	**haré**
cabrás	**dirás**	**habrás**	**harás**
cabrá	**dirá**	**habrá**	**hará**
cabremos	**diremos**	**habremos**	**haremos**
cabréis	**diréis**	**habréis**	**haréis**
cabrán	**dirán**	**habrán**	**harán**

PODER	PONER	QUERER	SABER
podré	**pondré**	**querré**	**sabré**
podrás	**pondrás**	**querrás**	**sabrás**
podrá	**pondrá**	**querrá**	**sabrá**
podremos	**pondremos**	**querremos**	**sabremos**
podréis	**pondréis**	**querréis**	**sabréis**
podrán	**pondrán**	**querrán**	**sabrán**

SALIR	TENER	VALER	VENIR
saldré	**tendré**	**valdré**	**vendré**
saldrás	**tendrás**	**valdrás**	**vendrás**
saldrá	**tendrá**	**valdrá**	**vendrá**
saldremos	**tendremos**	**valdremos**	**vendremos**
saldréis	**tendréis**	**valdréis**	**vendréis**
saldrán	**tendrán**	**valdrán**	**vendrán**

PLUPERFECT (Past perfect)

había		
habías		
había	–**ado** (–ar verbs)	cant**ado**
habíamos	–**ido** (–er / ir verbs)	com**ido**
habíais		viv**ido**
habían		

Irregular past participles

abrir ▶ **abierto**		escribir ▶ **escrito**	
hacer ▶ **hecho**		ver ▶ **visto**	
decir ▶ **dicho**		poner ▶ **puesto**	
romper ▶ **roto**		volver ▶ **vuelto**	

CONDITIONAL

Regular verbs

HABLAR	COMER	ESCRIBIR
hablar**ía**	comer**ía**	escribir**ía**
hablar**ías**	comer**ías**	escribir**ías**
hablar**ía**	comer**ía**	escribir**ía**
hablar**íamos**	comer**íamos**	escribir**íamos**
hablar**íais**	comer**íais**	escribir**íais**
hablar**ían**	comer**ían**	escribir**ían**

Irregular verbs

caber ▶ **cabr–**	tener ▶ **tendr–**	hacer ▶ **har–**		–**ía**
haber ▶ **habr–**	poder ▶ **podr–**	decir ▶ **dir–**		–**ías**
saber ▶ **sabr–**	poner ▶ **pondr–**		+	–**ía**
querer ▶ **querr–**	venir ▶ **vendr–**			–**íamos**
	salir ▶ **saldr–**			–**íais**
	valer ▶ **valdr–**			–**ían**

PRESENT SUBJUNCTIVE

Regular verbs

HABLAR	COMER	ESCRIBIR
habl**e**	com**a**	escrib**a**
habl**es**	com**as**	escrib**as**
habl**e**	com**a**	escrib**a**
habl**emos**	com**amos**	escrib**amos**
habl**éis**	com**áis**	escrib**áis**
habl**en**	com**an**	escrib**an**

Irregular verbs
Stem-changing verbs

QUERER	VOLVER	JUGAR	PEDIR
e ▶ ie	o ▶ ue	u ▶ ue	e ▶ i
			(en todas las personas)
qu**ie**ra	v**ue**lva	j**ue**gue	p**i**da
qu**ie**ras	v**ue**lvas	j**ue**gues	p**i**das
qu**ie**ra	v**ue**lva	j**ue**gue	p**i**da
queramos	volvamos	juguemos	p**i**damos
queráis	volváis	juguéis	p**i**dáis
qu**ie**ran	v**ue**lvan	j**ue**guen	p**i**dan

» The verbs **dormir** and **morir** have two stem changes in the present subjunctive: **o ▶ ue** and **o ▶ u**:
  – d**ue**rma, d**ue**rmas, d**ue**rma, d**u**rmamos, d**u**rmáis, d**ue**rman
  – m**ue**ra, m**ue**ras, m**ue**ra, m**u**ramos, m**u**ráis, m**ue**ran

Verbs with irregular **yo** forms in the present tense

poner ▶ **pong**–	traer ▶ **traig**–	**–a**
tener ▶ **teng**–	hacer ▶ **hag**–	**–as**
salir ▶ **salg**–	caer ▶ **caig**–	**–a**
venir ▶ **veng**–	construir ▶ **construy**–	**–amos**
decir ▶ **dig**–	conocer ▶ **conozc**–	**–áis**
		–an

Verbs that are completely irregular

HABER	IR	SABER	ESTAR	SER	VER	DAR
haya	vaya	sepa	esté	sea	vea	dé
hayas	vayas	sepas	estés	seas	veas	des
haya	vaya	sepa	esté	sea	vea	dé
hayamos	vayamos	sepamos	estemos	seamos	veamos	demos
hayáis	vayáis	sepáis	estéis	seáis	veáis	deis
hayan	vayan	sepan	estén	sean	vean	den

Other verbs with irregular forms in the subjunctive

e ▶ ie (except in the **nosotros** and **vosotros** forms)

cerrar ▶ cierre	encender ▶ encienda	mentir ▶ mienta
comenzar ▶ comience	encerrar ▶ encierre	querer ▶ quiera
despertarse ▶ se despierte	entender ▶ entienda	recomendar ▶ recomiende
divertirse ▶ se divierta	gobernar ▶ gobierne	sentarse ▶ se siente
empezar ▶ empiece	manifestar ▶ manifieste	sentir ▶ sienta

o ▶ ue (except in the **nosotros** and **vosotros** forms) / e ▶ i (en todas las personas)

acordarse ▶ se acuerde	rogar ▶ ruegue	competir ▶ compita
acostarse ▶ se acueste	soler ▶ suela	despedir ▶ despida
contar ▶ cuente	sonar ▶ suene	despedirse ▶ se despida
llover ▶ llueva	soñar ▶ sueñe	impedir ▶ impida
probar ▶ pruebe	volar ▶ vuele	medir ▶ mida
resolver ▶ resuelva	volver ▶ vuelva	repetir ▶ repita

IMPERFECT SUBJUNCTIVE

Regular verbs

PRACTICAR	BEBER	SALIR
practicara	bebiera	saliera
practicaras	bebieras	salieras
practicara	bebiera	saliera
practicáramos	bebiéramos	saliéramos
practicarais	bebierais	salierais
practicaran	bebieran	salieran

Irregular verbs

INFINITIVO	PRETERIT	IMPERFECT SUBJUNCTIVE
poner	pusieron	pusiera
dormir	durmieron	durmiera
conducir	condujeron	condujera
pedir	pidieron	pidiera
querer	quisieron	quisiera
hacer	hicieron	hiciera
poder	pudieron	pudiera
tener	tuvieron	tuviera
oír	oyeron	oyera
construir	construyeron	construyera
ser / ir	fueron	fuera
estar	estuvieron	estuviera
haber	hubieron	hubiera

RESUMEN GRAMATICAL

ARTICLES

	Definite articles		Indefinite articles	
	Masculine	**Feminine**	**Masculine**	**Feminine**
Singular	el	la	un	una
Plural	los	las	unos	unas

SUBJECT PRONOUNS

Singular	Plural
yo	nosotros/nosotras
tú	vosotros/vosotras
usted/él/ella	ustedes/ellos/ellas

PRESENT TENSE

	LLAMAR(SE)	SER	TENER
yo	**me** llam**o**	**soy**	**tengo**
tú	**te** llam**as**	**eres**	**tie**nes
usted/él/ella	**se** llam**a**	**es**	**tie**ne
nosotros/as	**nos** llam**amos**	**somos**	tenemos
vosotros/as	**os** llam**áis**	**sois**	tenéis
ustedes/ellos/ellas	**se** llam**an**	**son**	**tie**nen

NUMBERS 0-31

0	cero	**8**	ocho	**16**	dieciséis	**24**	veinticuatro
1	uno	**9**	nueve	**17**	diecisiete	**25**	veinticinco
2	dos	**10**	diez	**18**	dieciocho	**26**	veintiséis
3	tres	**11**	once	**19**	diecinueve	**27**	veintisiete
4	cuatro	**12**	doce	**20**	veinte	**28**	vcintiocho
5	cinco	**13**	trece	**21**	veintiuno	**29**	veintinueve
6	seis	**14**	catorce	**22**	veintidós	**30**	treinta
7	siete	**15**	quince	**23**	veintitrés	**31**	treinta y uno

EXPANSIÓN GRAMATICAL

Interrogative words:

» **¿Cuánto, cuánta, cuántos, cuántas** + noun? *How much? / How many?*
¿Cuántos años tienes? How (many years) old are you?

» **¿Cuál, cuáles** + verb? *What?*
¿Cuál es tu comida favorita? What is your favorite food?

» **¿Qué** + verb/noun? *What?*
¿Qué haces? What do you do?
¿Qué hora es? What time is it?

» **¿Dónde** + verb? *Where?*
¿Dónde vives? Where do you live?

>> **¿Cómo** + verb? *How?*
   ¿Cómo estás? *How are you?*

>> **¿Quién** + verb? *Who?*
   ¿Quién es esa muchacha? *Who is that girl?*

GENDER AND NUMBER OF NOUNS AND ADJECTIVES

Singular	
Masculine	**Feminine**
–o	**–a**
el bolígraf**o**	**la** cámar**a**

Plural		
Masculine/Feminine		
Termina en vocal: +**s**	Termina en consonante: +**es**	Termina en z: **–ces**
Ends in a vowel: +s	*Ends in a consonant: +es*	*End in a z: -ces*
mesa / mesa**s**	actor / actor**es**	lápiz / lápi**ces**

>> **Feminine forms of adjectives**
   – Adjectives that end in **–o** change to **–a**: *blanco / blanca*.
   – Adjectives that end in **–e**, no change: *elegante*.
   – Adjectives that end in a consonant, no change: *fácil*.
   – Nationalites that end in a consonant, add **–a**: *francés / francesa*.

>> **Plural forms of nouns and adjectives**
   – Words that end in a vowel, add **–s**: *moreno / morenos*.
   – Words that end in a consonant, add **–es**: *joven / jóvenes*.

AGREEMENT

Singular			
Masculine	**Feminine**	**Masculine/Feminine**	
–o	**–a**	**–e**	**–consonante**
el carro bonit**o**	**la silla** bonit**a**	**el carro** grand**e** **la silla** grand**e**	**el carro** azul **la silla** azul
los carros bonit**os**	**las sillas** bonit**as**	**los carros** grand**es** **las sillas** grand**es**	**los carros** azul**es** **las sillas** azul**es**

EXPANSIÓN GRAMATICAL

>> Generally, nouns with the following endings are masculine:
   –o: *el libro, el dedo, el dinero, el vaso, el bolígrafo*...
   –aje: *el paisaje, el viaje, el garaje, el equipaje, el peaje*...
   –an: *el plan, el pan*...
   –or: *el pintor, el amor, el dolor, el error, el señor, el televisor, el ordenador*...

>> Generally, nouns with the following endings are feminine:
   –a: *la mesa, la casa, la caja, la crema, la niña, la chaqueta, la sopa*...
   –dad, –tad, –ción, –sión: *la edad, la ciudad, la verdad, la amistad, la canción, la traducción, la televisión, la decisión, la expresión*...

>> Exceptions:
   – ***El*** *problema,* **el** *día,* **el** *mapa,* **el** *diploma*.
   – ***La*** *mano,* **la** *radio*.

PRESENT TENSE OF REGULAR –*AR* VERBS AND *ESTAR*

	HABLAR	ESTAR (IRREGULAR)
yo	habl**o**	**estoy**
tú	habl**as**	**estás**
usted/él/ella	habl**a**	**está**
nosotros/as	habl**amos**	**estamos**
vosotros/as	habl**áis**	**estáis**
ustedes/ellos/ellas	habl**an**	**están**

EXPANSIÓN GRAMATICAL

Uses of the present tense:

» To talk about habitual actions that you and others generally do (or don't do).
*Todos los días **me levanto** a las siete y media.* *Every day, I get up at seven thirty.*

» To express an ongoing action.
*Andy y Carmen **viven** en Cartagena.* *Andy and Carmen live (are living) in Cartagena.*

» To describe or define.
***Tiene** dos dormitorios, cocina, baño y salón.* *It has two bedrooms, a kitchen, bath and living room.*
*"Casa" es el lugar donde **vivimos**.* *Home is the place where we live.*

UNIDAD	3

PRESENT TENSE OF REGULAR –*ER* AND –*IR* VERBS

	COMER	VIVIR
yo	com**o**	viv**o**
tú	com**es**	viv**es**
usted/él/ella	com**e**	viv**e**
nosotros/as	com**emos**	viv**imos**
vosotros/as	com**éis**	viv**ís**
ustedes/ellos/ellas	com**en**	viv**en**

POSSESSIVE ADJECTIVES

	Singular		Plural	
	Masculine	**Feminine**	**Masculine**	**Feminine**
my	**mi** carro	**mi** casa	**mis** carros	**mis** casas
your	**tu** carro	**tu** casa	**tus** carros	**tus** casas
his/her/your (for.)	**su** carro	**su** casa	**sus** carros	**sus** casas
our	**nuestro** carro	**nuestra** casa	**nuestros** carros	**nuestras** casas
your (pl., Spain)	**vuestro** carro	**vuestra** casa	**vuestros** carros	**vuestras** casas
their/your (pl.)	**su** carro	**su** casa	**sus** carros	**sus** casas

DEMONSTRATIVE ADJECTIVES

Location of speaker	Singular		Plural		Neuter	
	Masculine	**Feminine**	**Masculine**	**Feminine**		
aquí *here*	este	esta	estos	estas	esto	*this, these*
ahí *there*	ese	esa	esos	esas	eso	*that, those*
allí *over there*	aquel	aquella	aquellos	aquellas	aquello	*that (over there), those (over there)*

>> **Este, esta, estos, estas,** and **esto** refer to a person or thing that is next to the speaker. They correspond to the adverb **aquí**.
Este *es mi celular. This is my cell phone.*

>> **Ese, esa, esos, esas,** and **eso** refer to a person or thing that is near the speaker. They correspond to the adverb **ahí**.
Esas *botas son de Luis. Those boots are Luis's.*

>> **Aquel, aquella, aquellos, aquellas,** and **aquello** refer to a person or thing that is farther away from the speaker. They correspond to the adverb **allí**.
Aquella *bicicleta es de mi primo. That bicycle over there is my cousin's.*

Aquella bicicleta es de mi primo.

Esas botas son de Luis.

Este es mi celular.

>> Demonstrative pronouns
- *¡Hola, Encarna! ¿Cómo estás? Hi, Encarna! How are you?*
- *Muy bien, gracias. Mira,* **esta** *es Manuela, mi hermana. Fine, thanks. This is Manuela, my sister.*

- *¿Te gustan estos tomates? Do you like these tomatoes?*
- *No, me gustan* **aquellos***. No, I like those (over there).*

>> Neuter pronouns
- *¿Qué es* **esto***? What is this?*
- *Es una lámpara. It's a lamp.*

- *¿Qué es* **eso***? What is that?*
- *Es un celular. It's a cell phone.*

- *¿Qué es* **aquello***? What is that (over there)?*
- *Son unas zapatillas. They're sneakers.*

UNIDAD 4

STEM-CHANGING VERBS

	ENTENDER	VOLVER	PEDIR
	E ▶ IE	O ▶ UE	E ▶ I
yo	entiendo	vuelvo	pido
tú	entiendes	vuelves	pides
usted/él/ella	entiende	vuelve	pide
nosotros/as	entendemos	volvemos	pedimos
vosotros/as	entendéis	volvéis	pedís
ustedes/ellos/ellas	entienden	vuelven	piden

EXPANSIÓN GRAMATICAL

Other stem-changing verbs in Spanish:

» **e ▶ ie**:
- cerrar *(to close)* cierro, cierras... / cerramos
- comenzar *(to begin, start)* comienzo, comienzas... / comenzamos
- despertarse *(to wake up)* me despierto, te despiertas... / nos despertamos
- divertirse *(to have fun)* me divierto, te diviertes... / nos divertimos
- empezar *(to begin, start)* empiezo, empiezas... / empezamos
- encender *(to turn on)* enciendo, enciendes... / encendemos
- mentir *(to lie)* miento, mientes... / mentimos
- querer *(to want)* quiero, quieres... / queremos
- recomendar *(to recommend)* recomiendo, recomiendas... / recomendamos
- sentarse *(to sit down)* me siento, te sientas... / nos sentamos
- sentirse *(to feel emotion)* me siento, te sientes... / nos sentimos

» **o ▶ ue**:
- acordarse *(to remember)* me acuerdo, te acuerdas... / nos acordamos
- acostarse *(to go to bed)* me acuesto, te acuestas... / nos acostamos
- contar *(to count)* cuento, cuentas... / contamos
- llover *(to rain)* llueve
- morir *(to die)* muero, mueres... / morimos
- probar *(to try, to taste)* pruebo, pruebas... / probamos
- resolver *(to resolve)* resuelvo, resuelves... / resolvemos
- soñar *(to dream)* sueño, sueñas... / soñamos
- volar *(to fly)* vuelo, vuelas... / volamos

» **e ▶ i**:
- despedirse *(to say good-bye)* me despido, te despides... / nos despedimos
- repetir *(to repeat)* repito, repites... / repetimos
- vestirse *(to get dressed)* me visto, te vistes... / nos vestimos

VERBS *HACER* AND *SALIR*

	HACER	SALIR
yo	**hago**	**salgo**
tú	haces	sales
usted/él/ella	hace	sale
nosotros/as	hacemos	salimos
vosotros/as	hacéis	salís
ustedes/ellos/ellas	hacen	salen

EXPANSIÓN GRAMATICAL

Other verbs with irregular **yo** forms:

- caer *(to fall)* **caigo**
- estar *(to be)* **estoy**
- tener *(to come)* **tengo**
- venir *(to have)* **vengo**
- traer *(to bring)* **traigo**
- poner *(to put, to place)* **pongo**

REFLEXIVE VERBS

	LEVANTARSE
yo	**me** levanto
tú	**te** levantas
usted/él/ella	**se** levanta
nosotros/as	**nos** levantamos
vosotros/as	**os** levantáis
ustedes/ellos/ellas	**se** levantan

INDIRECT OBJECT PRONOUNS

yo	(a mí)	**me**	*(to me, for me)*
tú	(a ti)	**te**	*(to you, for you)*
usted/él/ella	(a usted/él/ella)	**le**	*(to you/him/her, for you/him/her)*
nosotros/as	(a nosotros/as)	**nos**	*(to us, for us)*
vosotros/as	(a vosotros/as)	**os**	*(to you, for you, Spain)*
ustedes/ellos/ellas	(a ustedes/ellos/ellas)	**les**	*(to you pl./them, for you pl./them)*

VERBS *GUSTAR*, *ENCANTAR* AND *DOLER*

A mí		me	**encanta(n)**	ø
A ti		te		
A usted/él/ella	(no)	le		muchísimo
A nosotros/as		nos	**gusta(n)**	mucho
A vosotros/as		os		bastante
A ustedes/ellos/ellas		les		un poco
				(nada)

» The verb **doler** (o ▶ ue) follows the same pattern.

SHOWING AGREEMENT AND DISAGREEMENT

» Use **también** and **tampoco** to agree with what a person says.

» Use **sí** and **no** to disagree with what a person says.

● *Yo tengo carro.*
● ***Yo, también.***

● *Este año no voy a ir de vacaciones.*
● ***Nosotros, tampoco.***

● *A mí me encanta ir a la playa por la tarde.*
● ***A mí, también.***

● *No me gustan los gatos.*
● ***A mí, tampoco.***

● *Yo tengo carro.*
● ***Yo, no.***

● *Este año no voy de vacaciones.*
● ***Nosotros, sí.***

● *A mí me encanta ir a la playa por la tarde.*
● ***A mí, no.***

● *No me gustan los gatos.*
● ***A mí, sí.***

USES OF *SER* AND *ESTAR*

SER	ESTAR

» Use **ser** to describe a characteristic of a person, place, or thing.
*María **es** una muchacha muy divertida.*
*Los leones **son** animales salvajes.*

» Use **estar** to describe a person's mood or feelings.
*Hoy **estoy** muy cansado.*
***Estamos** nerviosos por el examen.*

SER

>> To identify a person or thing.
*La muchacha a la derecha **es** María.* *The girl on the right is Maria.*

>> To express an opinion or judgment.
***Es** bueno estudiar.* *It's good to study.*

>> To indicate where an event takes place.
*¿Dónde **es** la fiesta de fin de curso?* *Where is the end of the year party?*

>> To express origin.
*Señores, ¿ustedes **son** de Zaragoza?* *Gentlemen, are you from Zaragoza?*

>> To indicate possession.
***Es** de mi madre.* *It's my mother's. (It belongs to my mother.)*

>> To express time.
***Son** las tres y cuarto de la tarde.* *It's quarter past three in the afternoon.*

ESTAR

>> To express location.
***Estoy** aquí.* *I'm here.*
*Mi casa **está** cerca del centro.* *My house is close to downtown.*

>> To express an opinion.
*No **estoy** de acuerdo contigo.* *I don't agree with you.*

>> To say how you and others are feeling.
*Mi abuela **está** bien.* *My grandmother is fine (well).*

UNIDAD	6

HAY / ESTÁ(N)

EXISTENCE

>> Use **hay** to talk or ask about what there is/are. **Hay** is invariable.
*En mi clase **hay** muchos libros.*
In my class, there are many books.

hay + un, una, unos, unas + noun

LOCATION

>> Use **estar** to talk or ask about where people or things are located.
*Los libros **están** en la estantería.*
The books are in the bookcase.

el, la, los, las + noun + **está(n)**

IRREGULAR VERBS

	IR	SEGUIR	JUGAR	CONOCER
yo	**voy**	**sigo**	ju**e**go	cono**zco**
tú	**vas**	s**i**gues	ju**e**gas	conoces
usted/él/ella	**va**	s**i**gue	ju**e**ga	conoce
nosotros/as	**vamos**	seguimos	jugamos	conocemos
vosotros/as	**vais**	seguís	jugáis	conocéis
ustedes/ellos/ellas	**van**	s**i**guen	ju**e**gan	conocen

EXPANSIÓN GRAMATICAL

» Other verbs with **–zc** in the **yo** form:
- agradecer *(to be grateful)* **agradezco**
- conducir *(to drive)* **conduzco**
- producir *(to produce)* **produzco**
- traducir *(to translate)* **traduzco**

» Other verbs with **–gu ▶ g** in the **yo** form:
- conseguir *(to attain, to get)* **consigo**
- distinguir *(to distinguish)* **distingo**

PREPOSITIONS *A, EN, DE*

Preposition	Use...	
en	with modes of **transportation**	*Viajamos **en** tren. We travel by train.*
a	to express **destination**	*Voy **a** Florida. I'm going to Florida.*
de	to express **origin** or point of **departure**	*Salgo **de** Miami. I'm leaving from Miami.*

DIRECT OBJECT PRONOUNS

me
te
lo/la
nos
os
los/las

- *¿Tienes el libro de Matemáticas? Do you have the math book?*
- *Sí, **lo** tengo en mi casa. Yes, I have it at home.*

- *¿Quién compra la tarta de cumpleaños? Who is buying the birthday cake?*
- ***La** compramos nosotros. We are buying it.*

ADVERBS OF QUANTITY

	To express how much
Action Verbs	**demasiado ▶** *Luis trabaja **demasiado**. Luis works too much.*
	mucho ▶ *Ana viaja **mucho**. Ana travels a lot.*
	bastante ▶ *Pedro estudia **bastante**. Pedro studies a lot.*
	poco ▶ *Luis estudia **poco**. Luis doesn't study much.*

MUY/MUCHO

MUY	MUCHO

» **Muy** is invariable and can be used before adjectives to express *very.*
*Él/ella es **muy** inteligente. He/she is very intelligent.*
*Ellos/ellas son **muy** inteligentes. They are very intelligent.*

» And before adverbs to express *how.*
*Él/ella habla **muy** despacio. He/She speaks slowly.*
*Ellos/ellas hablan **muy** despacio. They speak slowly.*

» Use **mucho** after a verb to express *how much.* As an adverb, it does not change form.
*Juan come **mucho**. Juan eats a lot.*

» Use **mucho** before a noun to express *how many.* Here it functions as an adjective and must agree with the noun in number and gender.
*Juan lee **muchos** libros. Juan reads many books.*
*Hay **mucha** gente. There are many people.*
*María tiene **muchos** amigos. Maria has many friends.*

A

a, al (6)	to, to the (masculine)
a la derecha de (6)	to the right of
a la izquierda de (6)	to the left of
A mí, también. (5)	Me too.
A mí, tampoco. (5)	Me neither.
¿A qué hora…? (4)	At what time…?
abierto/a (3)	outgoing
Abran los libros (en la página…), por favor. (0)	Open your books (to page …), please.
(el) abrigo (3)	coat
abrir (3)	to open
(la) abuela (3)	grandmother
(el) abuelo (3)	grandfather
aburrido/a (2, 3)	boring / bored
acostarse (o>ue) (4)	to go to bed
actividades de ocio y tiempo libre (5)	free time activities
(el) actor /(la) actriz (1)	actor / actress
Adiós. (1)	Good-bye.
al lado de (6)	next to
alegre (5)	happy
alimentos (5)	foods
almorzar (o>ue) (4)	to have lunch
alto/a (3)	tall
amable (3)	friendly
amar (2)	to love
amarillo (2)	yellow
(el/la) amigo/a (1)	friend
anaranjado / naranja (2)	orange
antipático/a (3)	disagreeable
aprender (3)	to learn
(el) armario (2)	closet
(el) arroz (5)	rice
(el) Arte (2)	art
(las) asignaturas (2)	school subjects
asistir (3)	to attend
(el) autobús (6)	bus
(el) avión (6)	airplane
azul (2, 3)	blue

B

bailar (2)	to dance
bajo/a (3)	short
(el) baloncesto / (el) básquetbol (2)	basketball
(el) banco (6)	bank
(la) bañera (2)	bathtub
barato/a (6)	inexpensive
(la) barba (3)	beard
(el) barco (6)	ship

bastante (5, 6)	enough, well enough
beber (3)	to drink
(el) béisbol (2)	baseball
bienvenidos (0)	welcome
(el) bigote (3)	mustache
(la) Biología (2)	biology
blanco (2)	white
(el) bolígrafo (0)	pen
(el/la) bombero/a (4)	firefighter
bonito/a (2)	beautiful, pretty
(el) borrador (0)	eraser
(la) bota (3)	boot
(el) brazo (5)	arm
Buenas noches. (1)	Good evening / night.
Buenas tardes. (1)	Good afternoon.
Buenos días. (1)	Good morning.
(la) bufanda (3)	scarf

C

(la) cabeza (5)	head
(el) calcetín (3)	sock
(la) calle (2)	street
calvo/a (3)	bald
(la) cama (2)	bed
(la) cámara (2)	camera
caminar (2)	to walk
(la) camisa (3)	shirt
(la) camiseta (3)	t-shirt
(el/la) cantante (1)	singer
cantar (2)	to sing
(la) carne (2, 5)	meat
caro/a (6)	expensive
(la) carpeta (0)	folder, binder
(la) casa y los muebles (2)	house and furniture
castaño/a (3)	light brown
(las) cebollas (5)	onions
cenar (4)	to have dinner
(el) centro (2)	downtown
(el) centro comercial (6)	shopping center, mall
cerca de (6)	close to, near
cerrar (e>ie) (4)	to close
(la) chaqueta (3)	jacket
chatear con amigos (5)	to chat (online) with friends
chileno/a (1)	Chilean
chino/a (1)	Chinese
(las) Ciencias (2)	science
Cierren los libros. (0)	Close your books.
(el) cine (6)	movie theater
(el) cine (4)	movies
(el) cinturón (3)	belt

(la) ciudad (2)	city
claros (3)	light color
(la) clase (0)	class
(la) cocina (2)	kitchen
(el/la) cocinero/a (4)	cook
(los) colores (2)	colors
comer (3)	to eat
(la) comida (2)	food
cómo (2)	how
¿Cómo está? (1)	How do you do? (formal)
¿Cómo se dice… en español? (0)	How do you say… in Spanish?
¿Cómo se escribe… en español? (0)	How do you spell… in Spanish?
¿Cómo te llamas? (1)	What's your name?
(la) cómoda (2)	chest of drawers
cómodo/a (6)	comfortable
comprar (2)	to buy
¿Comprenden? (0)	Do you understand?
(la) computación (2)	computer science
(la) computadora (0)	computer
conocer (6)	to know, to meet, to be familiar with
contaminante (6)	contaminant, pollutant
contento/a (5)	cheerful
(la) corbata (3)	tie
coreano/a (1)	Korean
corto (3)	short
Creo que… (2)	I believe that…
(el) cuaderno (0)	notebook
cuál (2)	which one
¿Cuándo es tu cumpleaños? (1)	When is your birthday?
cuánto (2)	how much
¿Cuánto cuesta? (2)	How much does it cost?
cuántos (2)	how many
¿Cuántos años tienes? (1)	How old are you?
(el) cuarto de baño (2)	bathroom
cubano/a (1)	Cuban
(el) cuello (5)	neck
cuidar (4)	to take care of

D

de, del (6)	from, from the (masculine)
de buen humor (5)	in a good mood
de dónde (2)	from where
¿De dónde eres? (1)	Where are you from?
de la mañana (4)	a.m.

de la medianoche (4)	midnight	¿En qué trabajas? (4)	What is your profession?	(la) fruta (2)	fruit
de la noche (4)	p.m.			fuerte (3)	strong
de la tarde (4)	p.m.	Encantado/a. (1)	Delighted.	(el) fútbol (2)	soccer
de mal humor (5)	in a bad mood	encantar (5)	to love	(el) fútbol americano (2)	football
debajo de (6)	under, below	encima de (6)	on top of	(el/la) futbolista (1)	soccer player
decir la hora (4)	to tell time	entender (e>ie) (4)	to understand		
(el) dedo (5)	finger	entre (6)	between	**G**	
del mediodía (4)	noon	Es la una. (4)	It's one o'clock.	gafas (3)	eyeglasses
delante de (6)	in front of	escribir (3)	to write	(el) gato (2)	cat
delgado/a (3)	thin	(el/la) escritor/a (1)	writer	genial (2)	great
demasiado (6)	too much	escuchar (2)	to listen	(el) gimnasio (6)	gym
dentro de (6)	inside	Escuchen con atención. (0)	Listen carefully.	girar (6)	to turn
(los) deportes (2)	sports	(la) escuela (2)	school	(el) golf (2)	golf
desayunar (4)	to have breakfast	(la) espalda (5)	back	gordo/a, con sobrepeso (3)	overweight
descansar (2)	to rest	(el) Español (2)	Spanish		
(las) descripciones (2, 3, 6)	descriptions	español/a (1)	Spanish (nationality)	(la) gorra (3)	baseball cap
(las) despedidas (1)	farewells	(el) espejo (2)	mirror	grande (2, 3)	big
despertarse (e>ie) (4)	to wake up	(la) esposa (3)	wife	gris (2)	grey
detrás de (6)	behind	(el) esposo (3)	husband	guapo/a (2, 3)	handsome / pretty, attractive
(los) días de la semana (4)	days of the week	está /están (0)	is/are located	gustar (5)	to like
(el) diccionario (0)	dictionary	¿Está bien así? (0)	Is this right?		
difícil (2)	difficult	(la) estación de metro (6)	subway station	**H**	
discutir (3)	to argue	(la) estación de tren (6)	train station	(la) habitación (2)	room
divertido/a (2, 3)	fun, funny	(los) estados de ánimo (5)	moods and feelings	hablador/a (3)	talkative
doler (o>ue) (5)	to hurt	(la) estantería (2)	shelf	hablar (2)	to speak
(el) domingo (4)	Sunday	estar (2)	to be	hacer (4)	to do, to make
dominicano/a (1)	Dominican	estar bien (2)	to be fine	hacer ciclismo (5)	to bike
dónde (2)	where	estar contento/a (2)	to be happy	hacer deporte (4)	to play sports
¿Dónde vives? (1)	Where do you live?	estar enfermo/a (2)	to be sick	hacer esquí (5)	to ski
dormir (o>ue) (4)	to sleep	estar triste (2)	to be sad	hacer fotos (5)	to take pictures
(el) dormitorio (2)	bedroom	(el) estómago (5)	stomach	hacer judo (5)	to practice judo
(la) ducha (2)	shower	(el) estudiante (0)	student (male)	hacer la tarea (4)	to do homework
ducharse (4)	to shower	(la) estudiante (0)	student (female)	hacer natación (5)	to practice swimming
(los) dulces (5)	candies, sweets	estudiar (2)	to study	hacer yoga (5)	to practice yoga
		(la) estufa (2)	stove	(la) hamburguesa (5)	hamburger
E				Hasta luego. (1)	See you later.
ecológico/a (6)	ecological	**F**		Hasta pronto. (1)	See you soon.
(la) Economía (2)	economics	fácil (2)	easy	hay (6)	there is, there are
ecuatoriano/a (1)	Ecuadorian	(la) falda (3)	skirt	(el) helado (5)	ice cream
(el) edificio (2)	building	(la) familia (3)	Family	(la) hermana (3)	sister
él (1)	he	fantástico/a (2)	fantastic	(el) hermano (3)	brother
el / la (1)	the	(la) farmacia (6)	pharmacy	(los) hermanos (3)	siblings
ella (1)	she	favorito/a (2)	favorite	(la) hija (3)	daughter
ellas (1)	they (females)	feo/a (3)	unattractive	(el) hijo (3)	son
ellos (1)	they (males or mixed)	(el) fin de semana (4)	weekend	(los) hijos (3)	children
empezar (e>ie) (4)	to start, begin	(la) Física (2)	physics	(la) Historia (2)	history
en (6)	on	(la) foto (fotografía) (2)	photo (photograph)	Hola, mi nombre es…(0)	Hi, my name is…
En mi opinión… (2)	In my opinion…	francés / francesa (1)	French	(el) horario (4)	schedule
en punto (4)	sharp (with time)	(los) frijoles (5)	beans	(el) horno (2)	oven
				(el) hospital (6)	hospital

(el) hotel (6)	hotel	(la) madrastra (3)	stepmother	(4, 5)	
(los) huevos (5)	eggs	(la) madre (3)	mother	negro (2, 3)	black
		maleducado/a (3)	rude	nervioso/a (5)	nervous
I		mandar (2)	to send	(la) nieta (3)	granddaughter
importante (2)	important	(la) mano (5)	hand	(el) nieto (3)	grandson
incómodo/a (6)	uncomfortable	(las) manzanas (5)	apples	No comprendo. (0)	I don't understand.
indio/a (1)	Indian	(el) marcador (0)	marker	no…demasiado (5)	not much
(la) Informática (2)	computer science	(el) marisco (5)	shellfish, seafood	no…nada (5)	not at all
(el/la) ingeniero/a (1)	engineer	marrón (2, 3)	brown	nosotros/as (1)	we
inglés / inglesa (1)	British	martes (4)	Tuesday		
inteligente (3)	intelligent	(la) mascota (2)	pet	**O**	
interesante (2)	interesting	(las) Matemáticas (2)	math	oscuros (3)	dark
interrogativos (2)	question words	mayor (3)	old		
ir (6)	to go	(el/la) mecánico/a (4)	mechanic	**P**	
ir a pie (6)	to go on foot	(el/la) médico/a (1, 4)	doctor	(el) padrastro (3)	stepfather
ir de compras (5)	to go shopping	(la) medio hermana (3)	half sister	(el) padre (3)	father
ir de vacaciones (6)	to go on vacation	(el) medio hermano (3)	half brother	(los) padres (3)	parents
ir de viaje (6)	to go on a trip	(los) medios de	means of	(los) países (0)	countries
italiano/a (1)	Italian	transporte (6)	transportation	(las) palomitas (5)	popcorn
		menos cuarto (4)	quarter to	(el) pan (2)	bread
J		(la) mesa (0, 2)	table, desk	(la) panadería (6)	bakery (bread), bread
japonés / japonesa (1)	Japanese	(el/la) mesero/a (4)	waiter/waitress		shop
(los) jeans (3)	jeans	(la) mesilla (2)	bedside table	(los) pantalones (3)	dress pants
joven (3)	young	(el) metro (6)	subway	(las) papas fritas (5)	french fries
(el) jueves (4)	Thursday	mexicano/a (1)	Mexican	(la) papelera (0)	wastepaper basket
jugar (6)	to play	(el) microondas (2)	microwave	(las) papitas fritas (5)	potato chips
jugar a los bolos (5)	to bowl, go bowling	(el) miércoles (4)	Wednesday	Para mí, ti, él… (2)	For me, you, him,…
jugar a los videojuegos	to play videogames	Mira, este / esta es…	Hey, this is…	(la) parada de autobús (6)	bus stop
(5)		(1)		(el) parque (2)	park
		Mira, estos / estas	Hey, these are…	(las) partes del cuerpo	parts of the body
L		son… (1)		(5)	
(el) lápiz (0)	pencil	Mire, le presento a	Look, I'd like to	pasear (2)	to stroll, to walk
largo (3)	long	(al)… (1)	introduce you to…		around
(el) lavabo (2)	sink	Miren la pizarra. (0)	Look at the board.	(la) pastelería (6)	bakery (cakes and
(la) leche (5)	milk	(la) mochila (0, 1)	backpack		pastries)
leer (3)	to read	montar en bici (5)	to ride a bike	(el) pecho (5)	chest
lejos de (6)	far from	moreno/a (3)	dark brown	pedir (e>i) (4)	to ask for, to order
(los) lentes (3)	eyeglasses	(la) moto (6)	motorcycle	pedir información (1)	ask questions
lento/a (6)	slow	muchísimo (5)	very much, a lot	peligroso/a (6)	dangerous
levantarse (4)	to get up	mucho (6)	very much, a lot	pelirrojo/a (3)	redhead
(la) librería (6)	bookstore	Mucho gusto. (1)	Pleased to meet you.	pensar (e>ie) (4)	to think
(la) limonada (5)	lemonade	(el) mundo hispano (0)	Hispanic world	pequeño/a (2, 3)	small, little
liso (3)	straight	(el) museo (6)	museum	pero (1)	but
(la) Literatura (2)	literature	(la) Música (2)	music	(el) perro (1, 2)	dog
llamar(se) (1)	to be called	muy (6)	very	peruano/a (1)	Peruvian
llevar (3)	to take, to carry, to wear			(el) pescado (2, 5)	fish
Lo siento. (2)	I'm sorry.	**N**		(el) pie (5)	foot
los / las (1)	the, some	(las) nacionalidades (1)	nationalities	Pienso que… (2)	I think that…
(los) lugares (2)	places	(las) naranjas (5)	oranges	(la) pierna (5)	leg
lunes (4)	Monday	navegar por el mar (5)	to sail	(los) pimientos (5)	peppers
M		navegar por Internet	to go on the Internet	(la) pizarra, (el) pizarrón	blackboard

(O)

poco (6)	very little, not much
poder (o>ue) (4)	to be able, can
(el) pollo (2, 5)	chicken
por la mañana (4)	in the morning
por la noche (4)	at night
por la tarde (4)	in the afternoon
(el) postre (5)	dessert
preferir (e>ie) (4)	to prefer
preocupado/a (5)	worried
(el/la) primo/a (3)	cousin
(las) profesiones (1)	professions
(el) profesor (0, 1)	teacher (male)
(la) profesora (0, 1)	teacher (female)
programador/a (4)	computer programmer
(el) pueblo (2)	town
¿Puede escribirlo en la pizarra? (0)	Can you write it on the blackboard?
¿Puede repetir, por favor? (0)	Can you please repeat?
(la) puerta (0)	door
puertorriqueño/a (1)	Puerto Rican

Q

qué (2)	what
¿Qué día es hoy? (1)	What's today's date?
¿Qué haces? (1)	What do you do?
¿Qué hora es? (4)	What time is it?
¿Qué significa…? (0)	What does… mean?
¿Qué tal? (1)	What's up?
¿Qué tal estás? (1)	How are you doing?
quedar (4)	to meet up with someone
quejarse (4)	to complain
querer (e>ie) (4)	to want
(el) queso (5)	cheese
¿Quién? (1)	Who?

R

rápido/a (6)	fast
(las) redes sociales (2)	social media
repetir (e>i) (4)	to repeat
rizado (3)	curly
(la) rodilla (5)	knee
rojo (2)	red
(la) ropa (3)	clothes
(la) ropa interior (3)	underwear
rubio/a (3)	blonde

S

(el) sábado (4)	Saturday
salir (4)	to go out, to leave
(el) salón (2)	living room
(las) sandalias (3)	sandals
seguir (6)	to follow, to continue
seguro/a (6)	secure, safe, certain
Señor (Sr.) (1)	Mr.
Señora (Sra.) (1)	Mrs.
Señorita (Srta.) (1)	Miss/Ms.
ser (1)	to be
servir (e>i) (4)	to serve
Sí, claro. (0)	Yes, of course.
Sí, está bien. (0)	Yes, it's fine.
(la) silla (0)	chair
simpático/a (3)	likeable
(la) sobrina (3)	niece
(el) sobrino (3)	nephew
(el) sofá (2)	sofa
(la) sopa de verdura (5)	vegetable soup
(el) suéter (3)	sweater
(el) supermercado (6)	supermarket

T

(el) tablero de anuncios (0)	bulletin board
(la) tableta (0)	tablet
también (1)	also
(la) tarta de chocolate (5)	chocolate cake
(el) taxi (6)	taxi
(el) teatro (6)	theater
temprano (4)	early
tener (1, 3)	to have
tener calor (3)	to be warm
tener frío (3)	to be cold
tener hambre (3)	to be hungry
tener que (4)	to have to (do something)
tener sed (3)	to be thirsty
tener sueño (3)	to be sleepy
tener… años (1, 3)	to be… years old
(el) tenis (2)	tennis
(los) tenis (3)	sneakers
(el/la) tenista (1)	tennis player
(la) tía (3)	aunt
(la) tienda de ropa (6)	clothing store
¿Tienen preguntas? (0)	Do you have any questions?
tímido/a (3)	shy

(el) tío (3)	uncle
todos los días (4)	everyday
tomar el sol (5)	to sunbathe
tomar tapas (5)	to eat tapas (small dishes of food)
(los) tomates (5)	tomatoes
trabajador/a (3)	hard-working
trabajar (2)	to work
(el) traje (3)	suit
tranquilo/a (5)	calm, quiet
(el) tren (6)	train
triste (5)	sad
tú (1)	you (informal)

U

un / una (1)	a, an
unos / unas (1)	some, a few
usted (1)	you (formal)
ustedes (1)	you all (plural)

V

vago/a (3)	lazy
(la) ventana (0)	window
ver (3)	to see
ver un concierto (5)	to go to a concert
ver una exposición (5)	to go to an exhibit
ver una película (5)	to see a movie
verde (2, 3)	green
(la) verdura / (las) verduras / (los) vegetales (2, 5)	vegetables
(el) vestido (3)	dress
vestirse (e>i) (4)	to get dressed
veterinario/a (4)	veterinarian
viajar (2)	to travel
viernes (4)	Friday
vivir (3)	to live
(el) vóleibol (2)	volleyball
volver (o>ue) (4)	to return
vosotros/as (1)	you (plural, Spain)

Y

yo (1)	I
(el) yogur (5)	yogurt

Z

(las) zanahorias (5)	carrots
(la) zapatería (6)	shoe store
(los) zapatos de tacón (3)	high-heeled shoes

CREDITS

The authors wish to thank the many people who assisted in the photography used in the textbook. Credit is given to photographers and agencies below.

We have made every effort to trace the ownership of all copyrighted material and to secure permission from copyright holders. In the event of any question arising as to the use of any material, please let us now and we will be pleased to make the corresponding corrections in future printings.